# 榜样的力量

## ——培育践行社会主义核心价值观先进人物事迹案例

主编　吴本荣　常成玉　李明文

江西高校出版社
JIANGXI UNIVERSITIES AND COLLEGES PRESS

**图书在版编目(CIP)数据**

榜样的力量:培育践行社会主义核心价值观先进人物事迹案例/吴本荣,常成玉,李明文主编. —南昌:江西高校出版社,2018.12(2022.2重印)
ISBN 978-7-5493-7986-6

Ⅰ.①榜… Ⅱ.①吴… Ⅲ.①景德镇陶瓷大学—模范学生—先进事迹 ②景德镇陶瓷大学—优秀教师—先进事迹 Ⅳ.①K828.4 ②K825.46

中国版本图书馆CIP数据核字(2018)第261570号

| | |
|---|---|
| 出版发行 | 江西高校出版社 |
| 社址 | 江西省南昌市洪都北大道96号 |
| 总编室电话 | (0791)88504319 |
| 销售电话 | (0791)88522516 |
| 网址 | www.juacp.com |
| 印刷 | 天津画中画印刷有限公司 |
| 经销 | 全国新华书店 |
| 开本 | 700mm×1000mm 1/16 |
| 印张 | 13 |
| 字数 | 260千字 |
| 版次 | 2018年12月第1版 |
| | 2022年2月第2次印刷 |
| 书号 | ISBN 978-7-5493-7986-6 |
| 定价 | 58.00元 |

赣版权登字-07-2018-1412

# 前　言

党的十八大以来，习近平总书记始终从党的事业薪火相传、后继有人的战略高度出发，重视、关心青年和共青团工作，深刻把握党的青年工作规律，紧密结合当代中国青年运动实践，提出了一系列富有战略性、时代性、开创性的新观点新论断新要求，形成了关于青年工作的重要思想。习近平总书记关于青年工作的重要思想，是习近平新时代中国特色社会主义思想的重要组成部分，为做好党的青年工作提供了根本遵循，也为高校共青团工作指明了方向。

在教师节和五四青年节等重要时间节点，总书记都会到高校去考察，与师生和青年代表座谈交流。习近平总书记对广大青年寄予殷切希望。他强调，广大青年要坚定理想信念、练就过硬本领、勇于创新创造、矢志艰苦奋斗、锤炼高尚品格，在弘扬和践行社会主义核心价值观中勤学、修德、明辨、笃实，爱国、励志、求真、力行，同人民一起奋斗，同人民一起前进，同人民一起梦想，用一生来践行跟党走的理想追求。

“帮助广大青年确立正确的理想、坚定的信念，应该成为团组织的首要任务。只有抓好这项工作，才真正抓到了根本上，这是党对共青团工作第一位的要求。”“共青团要做好青年思想引导工作、增强吸引力和凝聚力，必须站在理想信念这个制高点上。”习近平总书记的谆谆教诲和深情嘱托，为共青团和青年工作指明了前进方向。

作为高校思想政治工作者，我们深刻认识到，做好思想政治引领工作是高校共青团的本职主业。思想政治工作从根本上说是做人的工作，因而必须围绕学生、关照学生、服务学生，以思想引领为灵魂，将立己与达人相结合，推动社会主义核心价值观教育不断引向深入。我们认识到，学生既是工作对象、也是工作力量，要扎根学生、依靠学生，通过朋辈教育和自我教育，引领学生争当“有理想、有追求，有担当、有作为，有品质、有修养”的“六有”大学生。

景德镇陶瓷大学是全国唯一一所以陶瓷命名的多科性本科高校，在百年的办学进程中，以“诚朴恕毅”的校训精神和“陶冶成器、矢志匠心、扎根行业、道器兼修、实业报国”的大学精神为指引。学校高度重视大学生德智体美全面发展，“第二课堂”实现了学时化、学分化，纳入了人才培养体系。通过“第二课堂成绩单”，共青团的工作有了抓手，有效地提升了第二课堂育人的覆盖面和影响力，对大学生成长成才产生了积极的促进作用。

本书分为爱国、励志、求真、力行四个篇章，收录了近年来景德镇陶瓷大学涌现的先进集体和先进个人的事迹，以及部分教授讲座、报告节选。这是学校思想政治引领和第二课堂教育改革的成果的体现。他们中有每一件小事都全力以赴的“全国优秀共青团员”邓煜臻，有捡到万元归还失主的“全国向上向善好青年”聂丰雪，有创作网络正能量作品的“全国自强之星”提名奖熊岩涛，有荣获全国“互联网+”大学生创新创业大赛金奖的“指尖上的陶艺”团队，有书写人生大爱的全国活力团支部爱心社，有班级友谊唤回生命奇迹的2011届材料成型班集体……社会主义核心价值观在这些点滴故事中得以展现。本书收录的部分作品曾在《中国教育报》《中国青年报》《江西日报》等媒体发表。本书既可作为高校第二课堂思想引领、弘扬和践行社会主义核心价值观读本，也可作为高校学生记者新闻写作培训读本。

希望广大青年以习近平新时代中国特色社会主义思想为指导，按照勤学、修德、明辨、笃实，爱国、励志、求真、力行的要求，努力成长为有理想、有本领、有担当的社会主义建设者和接班人，做新时代的追梦者和圆梦人！

目录

## 第一篇 爱 国

## 第二篇 励　志

## 第三篇　求　真

## 第四篇　力　行

# 第一篇 爱国

实现中华民族伟大复兴的中国梦，广大青年生逢其时，也重任在肩。广大青年既是追梦者，也是圆梦人。

广大青年要忠于祖国、忠于人民，了解中华民族历史，秉承中华文化基因，有民族自豪感和文化自信心，把自己的理想同祖国的前途、把自己的人生同民族的命运紧密联系在一起，扎根人民，奉献国家。

——2018年5月2日，习近平总书记考察北京大学

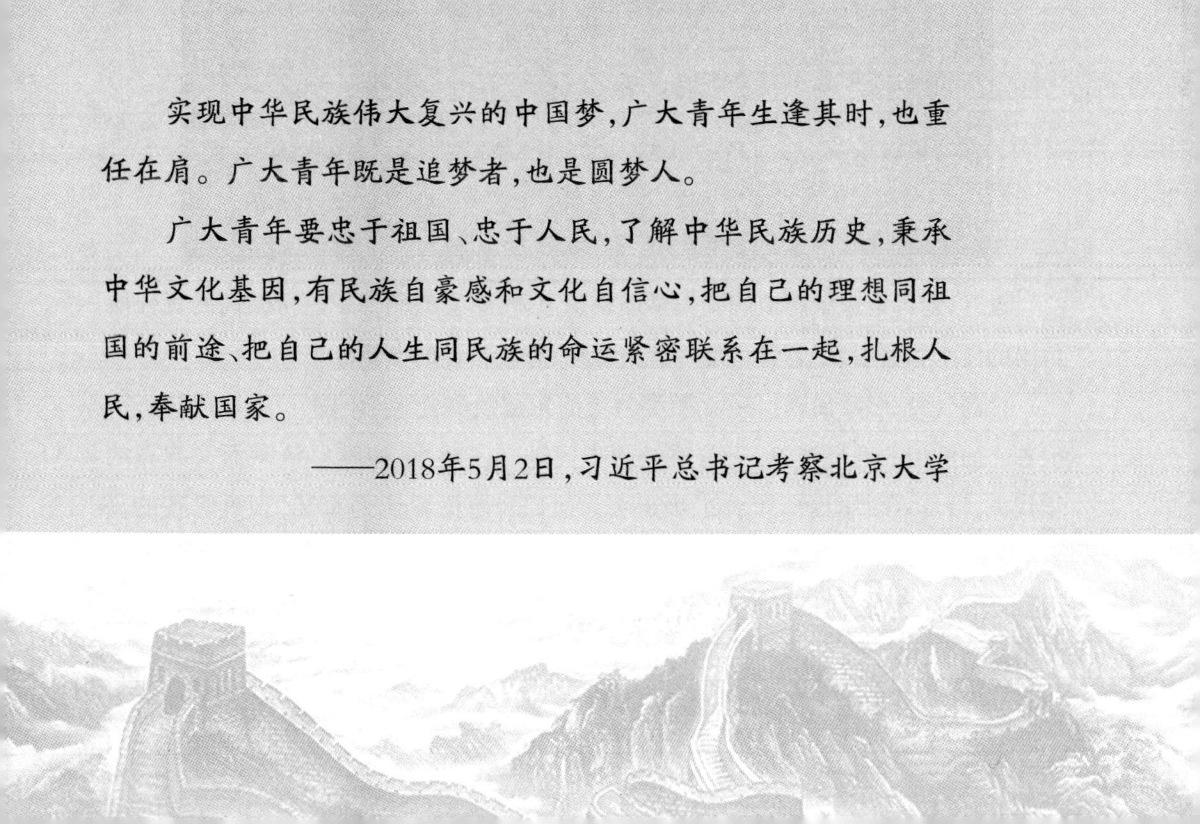

# 打 Call 国旗护卫队！

## ——刷爆朋友圈的请假条的背后，是他们十七年的坚守

今年 9 月 3 日，即将成为入伍新兵的景德镇陶瓷大学 2017 级机械与电子工程学院机械设计专业王磊同学，代表国旗护卫队在纪念“中国人民抗日战争胜利 73 周年”升旗仪式上发言，一封给国旗护卫队的“归期未定，有召必回”的“请假条”令全场为之感动。这封请假条中包含着王磊对国旗护卫队队友们的不舍之情，也包含着自己将要为祖国的国防事业奉献青春和热血的决心。

近日，记者走进景德镇陶瓷大学国旗护卫队，感受他们为了这份崇高的责任所付出的汗水和血泪，了解背后那些有关梦想、有关青春的点滴故事。

秋高气爽，晨曦初露。36 名英姿飒爽的景德镇陶瓷大学国旗护卫队成员正护卫着一面鲜艳的五星红旗，迈着矫健的步伐，发出“嚓嚓，嚓嚓！”清澈而又响亮的步伐声，沿着翠湖岸堤向旗台正步走去。他们身着橄榄色的军装，脚蹬黑亮的马靴，头顶上的徽章在霞光的映照下熠熠闪光。他们是学校朝阳下一抹神圣的橄榄绿，不用粉饰声喧，却最具吸引力；他们是一群没有军衔的士兵，用青春的岁月兑换一份激情与汗水。

景德镇陶瓷大学国旗护卫队成立于2001年，经校团委批准，于2016年正式由景德镇陶瓷大学国旗班更名为景德镇陶瓷大学国旗护卫队。十七年来，国旗护卫队在校团委的指导和管理下，在校园的影响力逐渐扩大。近几年来，国旗护卫队在我校取得了很多荣誉，如获得第四十届和第四十一届校运会特别荣誉奖、景德镇陶瓷大学第一届和第二届学生组织社团宣传片大赛一等奖、景德镇陶瓷大学学生组织社团形象标示大赛一等奖及三项单项奖等奖项。在南京大屠杀公祭日、红旗广场跨年升旗晚会、校纪念五四运动99周年暨中国共产主义青年团成立96周年升旗仪式等校级活动上，我们都能见到国旗护卫队的身影。

国旗护卫队是由各院系的36名队员组成的队伍。其中每一名成员都是从众多大一新生报名者中，经过严格的三轮训练层层选拔出来的。站军姿、调手型、定手臂、踢正步是每位新生训练的必经之路，走齐步需要擦裤缝，时间一长手指难免疼痛，站军姿以半小时起步，其后将时间逐渐延长，虽是新生，训练要求却不会降低。除此之外，为帮助新生纠正站姿，在背部固定特制十字架、在双肩下放扑克牌等训练手法也时常使用，每晚六点半到十一点都能在校园田径场上看到预备队员们刻苦训练的身影。

新队员培训期间，团队也会组织观看爱国主义影片和纪录片，加强思想的认识和宣传。历时近两个月的选拔淘汰，最终只有以国家国旗护卫队人数编制为标准的36名新成员正式加入国旗护卫队。6:30集合，6:45举行升旗仪式，严格的时间观念是军人的基本素养，当许多人还在睡梦之中时，国旗护卫队的成员已经迈着有力的步伐走向旗台，没有观众，无论风雨，校园清晨里的国旗照样升起。

寒来暑往，春去秋来，国旗护卫队的成员们始终坚守着自己护卫国旗的使命，严格按照规定，兢兢业业地完成每一次升降旗。每年临近暑期的时候，当身边的同学一个个结束考试或实习离校时，国旗护卫队的成员却必须坚持到封校的最后一天，将国旗降下之后才能开始各自的暑假，这是一份沉甸甸的责任。景德镇的夏天酷热难耐，三十多度的高温中，长时间、高强度的训练，衣衫湿透拧出汗水都是常有之事。他们必须早早地着装整齐，穿好衬衣和外套，再系上武装带、戴好帽子，所以哪怕升降旗是在温度并不那么高的清晨和傍晚，十几分钟的仪式结束后衣服依然会被汗水浸透。寒冬天还未亮，他们就得起床，按时到达场地。为了升旗方便，旗手们冬天也只能戴薄薄的白手套，接触到被冻了一晚的绳索和旗杆时，冰凉冷冽到刺骨，常常在升旗结束后他们的手指还是僵硬的。

爱国主义是军人的核心价值观，国旗护卫队除了加强自身的政治素养外，还在不断地通过自身努力做好爱国主义核心价值观的宣传工作，他们来到烈士陵园进行扫墓祭奠活动。

“国旗需要保持鲜艳崭新，每换一面新旗都需要花三到四天时间来训练，这样才能配合不同的风力和风向一次性地甩展起来，每一面国旗都有着不同的手感，比如重量和柔软度都会有差别，这会影响到抛旗那一瞬间的展旗姿态。”来自 2017 级动画专业的黄修民，在国旗护卫队中担任旗手，负责扛国旗和抛旗。

旗杆长 3.5 米、重 13.5 公斤，且又圆又滑，国旗扛在肩上不能有丝毫抖动，行进时身体不能变形，为期一个月的选拔训练，黄修民都必须在旗杆前端系上两瓶水用以训练握杆的稳定。除了规定的训练时段外，一个星期中黄修民夜晚的大部分闲暇时间，都花在定军姿和走正步上。夜晚的红旗广场微凉，黄修民却时常扛着一杆旗杆，在这里一训练就是三个小时。选拔后如愿成为一名旗手的他并未得意懈怠，抛旗动作的训练即刻安排到夜晚加训中。“47 秒准时到顶，需要升旗手和擎旗手必须配合非常到位，这就需要日复一日的不断磨合和训练。”黄修民感慨地说，如果升旗中出现错误，不管是否有观众，是否有人发现，都需要在升旗后的会议中指出，并且事后还需要写一份 3000 字的检讨，保证不再出现错误。

国旗班班长 2016 级财管专业的刘思睿告诉记者，从 2016 年起，国旗护卫队逐渐担负起新生军训的任务，教官主要由大二、大三的成员担任。

黄修民就在今年的教官选拔中顺利通过，成为一名教官，带领大一新生军训。在军训教官的训练中，国旗护卫队选拔出的教官不仅要练习站队列、提拳跑步等基本项目，还要学习如何向大一新生讲解军训基础知识和动作要领，学习如何做思想工作和“四会”教学。黄修民说：“在学习过程中，学得越细就会发现很多在以前没有注意过的点。”根据新发现，他们改进动作，使自己的动作更加标准，希望以最佳状态成为师弟师妹们的教官。为期七天的教官训练，从早上到中午的军训技能训练，到下午和晚上的学生思想工作介绍和加训，他们付出的精力需要比国旗护卫队规定的训练还要多，一天下来教官们也是疲惫难耐的。“比起真正的军人，我们的训练量要小很多。但相信通过近一年的国旗护卫队训练，我们有能力带领学生进行十几天的军训。”黄修民告诉记者。

国旗护卫队每年都有队员申请参军，仅今年就有张松、蒋金成、王磊、李火红四名队员自愿报名参军。王磊今年 20 岁，云南曲靖人，是 2017 级机械与电子工程学院机械设计专业的一名学生。今年 9 月，他将跟随队伍前往我国中部战区，入伍成为一名空军。

从大一加入国旗护卫队至今，王磊始终保持着那份对国旗的热爱，“我爷爷 50 年代时加入民兵队成为一名机枪手，我爸爸 90 年代时入伍服役于二炮 80512 部队，受此影响，我从小就有军人情结，也始终保持着这份热情，能通过如此方式亲身参与其中，是我的荣幸”。得知被景德镇陶瓷大学录取时的王磊，怀着对军人梦想的憧憬，特地在网上查找关于我校国旗护卫队的信息，踏入校园后如愿报名参加国旗护卫队并顺利通过层层考验成为其中一员。如今谈及他对参军这一决定的感受时，王磊难掩激动地说：“我当时很想去西藏，即便海拔高，天气恶劣，但是当兵若是怕吃苦，就没有当兵的意义了。”

十七年坚守着国旗，千余次的升降，每周不断的训练，国旗护卫队的队员们用默默无闻的行动诠释着当代大学生对祖国的热爱和责任的担当。国旗护卫队，在校园貌似平常的团体，却也是最为“特殊的存在”，青春路上，一身军装，脚步铿锵，器宇轩昂。十七年来，国旗护卫队的成员换了一批又一批，国旗换了一面又一面，旗绳换了一捆又一捆，唯一不变的，是那传递着的忠诚、责任和校园里按时升起、迎风飘扬的五星红旗。

（文/林涵　赖中富）

# 以榜样之力激荡青春之声　以理想之光照亮前行之路 做习近平新时代中国特色社会主义思想的坚定信仰者和忠实实践者

## ——记景德镇陶瓷大学党的十九大精神学生宣讲团

6月20日，一场十九大精神宣讲会在景德镇陶瓷大学图书馆报告厅举行，主讲人是不久前荣获“2017年度全国优秀共青团员”称号的景德镇陶瓷大学学生宣讲团成员邓煜臻。围绕中国特色社会主义进入新时代、习近平新时代中国特色社会主义思想的“八个明确”“十四个坚持”，邓煜臻生动地讲解了党和国家取得的历史性变革成就，在场的200余名青年大学生聚精会神、认真聆听，现场不时发出阵阵掌声。这是景德镇陶瓷大学党的十九大精神学生宣讲团的一个缩影。

景德镇陶瓷大学党的十九大精神学生宣讲团成立于2017年12月1日，是江西省首个大学生宣讲团，目前有成员25人。宣讲团成立以来先后深入社区、农村、企业和学校班级、学生组织、社团，与地方团委联合组建“青年讲习团”，多角度解读习近平新时代中国特色社会主义思想和党的十九大精神，分享学习《习近平的七年知青岁月》《习近平关于青少年和共青团工作论述摘编》的心得体会和个人在创

新创业、社会实践、志愿服务等方面的经验。截至 2018 年 7 月，宣讲团已在校内外开展宣讲 120 余场，引起了较大反响。新华社客户端、新华网、人民网、江西新闻联播、江西日报等多家主流媒体对宣讲团进行了报道。

## 用新思想凝聚团员青年

新时代的“强国一代”，必须用习近平新时代中国特色社会主义思想武装头脑。作为学生思想教育的重要力量，学生宣讲团在成立不久后，组织成员认真备课，分批到学校各二级学院、各学生班级和各学生组织社团开展巡回宣讲。

25 名宣讲团成员以大量生动鲜活的实例和语言，解读习近平新时代中国特色社会主义思想，有的成员结合学习党建等读物谈体会、谈理解，有的成员结合学校陶瓷文化特色谈传统文化和文化自信，以青年人的视角、青年人的语言和普通学生打交道、产生情感共鸣，将严肃紧张的理论教育转化为轻松活泼的思想交流，使宣讲活动增添了十足的“朝气”。

2015 级科技史专业研究生盛开勇以纪实的视角，在宣讲过程中讲述了习近平总书记在七年知青岁月中的“四大关、六大难”，总书记青年时期的故事深深感染了在场的每一位团员青年，从他们内心中迸发出“拥护核心”“维护核心”“紧跟核

心”的政治自觉。

宣讲活动在景德镇陶瓷大学校内引起热烈反响，2016 级公共艺术 1 班的杜天瑶表示，学生宣讲虽然没有专家学者讲得那么严谨透彻，但内容生动，与学习生活息息相关，听得轻松、明白。2017 级研究生赵森说：“没想到一向严肃的政治学习也能这么有趣。”

## 将党的好声音传遍千家万户

宣讲团的成员一直将“走出校门，深入社区、农村宣讲”作为自己的责任担当。就在宣讲团成立不久，宣讲团先后到景德镇市珠山区梨树园社区、浮梁县湘湖镇湘湖村、景德镇瓷海瓷业有限公司和浮梁县臧湾乡杨家庄村，针对不同宣讲对象开展内容多样的宣讲活动。从举世瞩目的国家成就到无微不至的惠民措施，宣讲团成员和当地群众、企业职工细数五年来的幸福事，畅谈十九大报告中规划的美好蓝图。这样接地气的宣讲深受听众好评，景德镇梨树园社区干部余梅表示：“这样的宣讲形式很清新，非常接地气。”企业职工何海英说：“听了宣讲后，相信在党的领导下，我们的生活会变得越来越好。”

宣讲团的25名成员还以寒假社会实践的形式，在家乡农村、所属社区、高中母校和自己家庭，面向基层干部群众、学生和亲属宣讲党的十九大精神，传播党的好声音。今年寒假期间，家住江西省抚州市的景德镇陶瓷大学学生宣讲团成员俞智威、郭雅鸿川来到市辖区下的云山镇石洋村，开展党的十九大精神宣讲活动。两位成员结合农村发展现状，用平实的语言和生动的描述为到场干部群众解读了十九大报告。一时间，"新时代""乡村振兴战略""教育强国""扶贫攻坚"这些十九大报告热词回响在了农家村舍中。

今年4月，宣讲团还和景德镇市珠山区团委联合组建"青年讲习团"。讲习团成员以丰富的知识储备、较强的理论功底及文化素养，与群众一起说变化、谈发展，引导他们知敬畏、明礼仪、重孝道、树新风，向群众讲授政治理论、文化修养和科学知识，引导他们与时代同行同进步。

## 与外国留学生共话十九大

"只有想不到，没有买不到，中国的淘宝网购太方便了！"马来西亚留学生吴镇熙为中国电子商务的发展点赞。

今年4月18日，宣讲团来到景德镇陶瓷大学国际学院，向来自美国、韩国、蒙古、马来西亚等国家的留学生宣传介绍党的十九大精神，讨论“新时代的发展”与“传统文化”。

宣讲会上，宣讲团成员、2016 级英语专业张宇晴用汉语和英语分享了自己对十九大的认识与感受，介绍了会议背景、会议成果和近年来中国在科技、文化、互联网等方面的重大发展成就。宣讲十九大精神，特别是对“一带一路”和“倡导构建人类命运共同体”的解读，获得了留学生们的共鸣。

文化兴国运兴，文化强民族强。面对来自不同肤色、不同国家的面孔，张宇晴对“文化自信和中华优秀传统文化”进行了分享，从四大发明到京剧、秋千、蹴鞠、风筝，这些有着鲜明中国元素的传统文化吸引着留学生们。

国际学院教师李颖表示：“留学生中有些人打算长期待在中国，他们很关注十九大，关注中国的发展方向。举办宣讲会也是让大家系统地对十九大有一个了解。”

## 收到省委领导回信勉励

今年五四青年节，景德镇陶瓷大学党的十九大精神学生宣讲团全体同学收到了一份特殊的礼物。原来，他们前不久写给省委常委、省委宣传部部长赵力平的汇报信得到了回信。赵力平部长在回信中说道：“读了你们的来信，还让我看到了当代青年学生昂扬向上的蓬勃朝气，也让我看到了你们奋发图强报效祖国的责任意识和家国情怀。”在回信中，他对宣讲团取得的宣讲反响和成果表示由衷欣慰，并希望同学们继续坚持下去，满腔热忱地投身于基层理论宣讲，做习近平新时代中国特色社会主义思想的坚定信仰者、忠实实践者。

“赵部长给我们回信了！”一时间这则消息“刷爆”了微信朋友圈，引来众多陶大师生转发、点赞。

宣讲团成员、2015 级环境工程专业学生郭雅鸿川说：“我加入党的十九大精神宣讲团已近半年，在一次次的宣讲中，同学们专注的目光让我感受到我们陶大学子对学习新思想、展现新作为的决心和意志。”她表示，今后，自己将更加深入地研究学习习近平新时代中国特色社会主义思想，同时结合时事政治热点，及时更新宣讲内容，在传播理论的过程中，进一步坚定理想信念，明确人生目标。

## 为党唱响新时代赞歌

“共产党好政党、民幸福国安康……”朗朗上口的旋律回响在党的十九大精神学生宣讲团的各次宣讲活动中，今年7月1日，这部由党的十九大精神学生宣讲团创作的主题MV正式在网络上发布，向党的生日献礼。

视频里的歌曲由宣讲团成员苏杰、郭宝宝改编，他们从未受过正规音乐教育，正是出于对十九大宣讲的热爱，自发将热门歌曲《一笑倾城》重新填词，把十八大以来祖国的辉煌成就、对习近平新时代中国特色社会主义思想和党的十九大精神的理解以及宣讲团的工作成果写进歌词，配上宣讲团的宣讲视频资料、十九大现场视频等画面制作成MV，共同为党唱响新时代的赞歌。

MV在本学期学生宣讲团的每次宣讲中都会播放，用歌声与视频向青年学生宣传党的十九大精神。网络上，教室中，看过MV的同学反响热烈，纷纷表示很受教育，对党的十九大精神有了一个更直观的认识和理解。

今年暑假，宣讲团还组织社会实践队赴嘉兴、上海、陕西梁家河，探访红色圣地，追寻习总书记的青年足迹。在嘉兴南湖，宣讲团成员们瞻仰红船，感悟“红船精神”；在上海中共“一大”会议旧址，宣讲团成员们回顾建党伟业，重温入党誓词；在陕西梁家河，宣讲团成员们体悟习总书记的七年知青岁月，感受总书记青年时的榜样力量。此次社会实践让宣讲团成员们深受精神洗礼，大家表示：学习始终在路上，要努力学习践行新思想，继续将基层理论宣讲推向深入，永远做习近平新时代中国特色社会主义思想的坚定信仰者和忠实实践者。

（文/李明文　俞智威）

## 附一：景德镇陶瓷大学十九大学生宣讲团写给赵力平部长的信

尊敬的赵部长：

您好！

我们是景德镇陶瓷大学党的十九大精神学生宣讲团青年学生，在此我们向您致以最诚挚的问候！

不知您是否还记得，2017 年 11 月 28 日，您来到景德镇陶瓷大学宣讲十九大精神，我们作为青年学生代表非常荣幸地聆听了您的报告，获益匪浅。您在报告中说："高校要将学习宣传贯彻党的十九大精神引向深入，引导青年学生努力做担当民族复兴大任的时代新人，引导学生骨干参与宣讲，让十九大精神在高校落地生根。"

学校党委迅速落实您的讲话精神，于 2017 年 12 月 1 日组建了省内高校首个十九大精神宣讲团。我们 25 人的宣讲队伍中，有本科生也有研究生，有学生党员、学生骨干，也有在创新创业、志愿服务等方面表现突出的青年榜样。如今半年过去了，在五四青年节到来之际，我们以光荣的中共党员和共青团员的身份向您致以最崇高的敬意，并汇报一下我们的情况。

宣讲团成立后，我们一起认真研读十九大报告原文，聆听金一南教授、省委教育工委黄小华书记和学校教师宣讲团的报告，广泛查阅资料，精心准备讲稿和课件，深入班级、学生组织社团开展宣讲。有的结合学习《习近平的七年知青岁月》《习近平关于青少年和共青团工作论述摘编》等，谈体会；有的结合学校陶瓷文化特点，畅谈文化自信。我们走进国际学院，用英文向留学生介绍中国道路、中国精神、中国文化，引起了他们的共鸣。同时，我们走出校门，先后来到景德镇市梨树园社区，浮梁县湘湖村、杨家庄村以及瓷海瓷业有限公司生产车间等开展宣讲，将十九大精神和习近平新时代中国特色社会主义思想的种子播撒到广大人民群众当中。

寒假期间，在校团委指导下，我们赴家乡农村、社区、高中母校和亲朋家中，向他们解读“乡村振兴战略”“教育强国”“扶贫攻坚”等理论热点，完成了“开展一次有成效的宣讲，研读一本有深度的理论书籍，撰写一篇有质量的学习宣讲体会”的假期实践。

新学期开学后，我们又积极创新宣传方式，结合流行元素，创作宣讲团 MV 和主题歌，在歌声中抒发我们对党的热爱，将宣讲课程录制成教学视频，通过微信公众号发布，实现宣讲“线上”与“线下”结合，有效地扩大了宣讲覆盖范围。同时我们还与景德镇市珠山区团委联合组建“青年讲习团”，定期向群众授课，引导他们知敬畏、明礼仪、重孝道、树新风，实现校外宣讲常态化。

近半年来，我们累计开展宣讲活动 100 余场，在校内外引起了较大反响，深受同学们和广大群众欢迎。景德镇陶瓷大学 2016 级公共艺术 1 班的杜天瑶说：“学生宣讲虽然没有专家学者讲得那么严谨透彻，但内容生动，与学习生活息息相关，听得轻松、明白。”景德镇市梨树园社区干部余梅表示：“这样的宣讲形式很清新，非常接地气。”景德镇瓷海瓷业员工何海英说：“听了宣讲后，相信在党的领导下，我们的生活会变得越来越好。”

宣讲活动不仅使我们增长了知识、才干，了解了国情民情，更磨炼了我们的意志，培养了我们敢想、敢干、敢拼的优良作风。今后，我们还将持续深入开展宣讲，做习近平新时代中国特色社会主义思想坚定信仰者和忠实实践者，成为合格可靠的“强国一代”，为建设富裕、美丽、幸福、现代化江西和中国陶瓷业复兴贡献出我们的青春力量。

尊敬的赵部长，我们非常期盼能得到您的回信和勉励，期盼您在百忙之中抽空再莅陶大，让我们有机会再聆听您的教诲。祝您身体健康，工作顺利，万事如意！

此致

敬礼！

景德镇陶瓷大学党的十九大精神学生宣讲团全体成员

2018 年 4 月 23 日

## 附二:赵力平部长的回信

景德镇陶瓷大学党的十九大精神学生宣讲团全体同学:

你们好!

来信收悉。得知你们在学校党委的指导下,去年 12 月组建了省内高校首个十九大精神学生宣讲团,先后深入学校、农村、社区、企业等开展宣讲活动,并取得了很好的成效,我由衷感到高兴。特别是你们利用寒假时间,高质量完成了“三个一”的假期实践活动,很有意义。希望你们继续坚持下去,满腔热忱地投身于基层理论宣讲,努力做习近平新时代中国特色社会主义思想的坚定信仰者、忠实实践者。

读了你们的来信,还让我看到了当代青年学生昂扬向上的蓬勃朝气,也让我看到了你们奋发图强报效祖国的责任意识和家国情怀。习近平总书记指出,实现中华民族伟大复兴的中国梦,广大青年生逢其时,也重任在肩。广大青年既是追梦者,也是圆梦人。追梦需要激情和理想,圆梦需要奋斗和奉献。广大青年应该在奋斗中释放青春激情、追逐青春理想,以青春之我、奋斗之我,为民族复兴铺路架桥,为祖国建设添砖加瓦。希望同学们遵照习总书记的指示,珍惜时光,勤奋学习,努力成为党和国家事业发展亟需的优秀人才,成为合格的社会主义建设者和接班人!

另外,值得一提的是,你们的来信字体工整,充分展示了我们的汉字除表辞达意之外所蕴含的独特的审美价值,值得点赞!

五四青年节即将来临,在此,向你们致以节日的问候!

赵力平

2018 年 5 月 3 日

# 敢于追梦的"火凤凰"

2014年春节期间，中央电视台第七套军事节目《中国武警》推出春节特别节目《谁是"火凤凰"》，该节目记录了60名新兵经过"八天七夜"的严苛选拔与考核，最终10名新兵进入了四川女子特警队。齐美玲是其中之一。她本科就读于我校2009级陶瓷艺术设计专业，现在是我校2016级考古专业的研究生。

2013年完成本科学业的齐美玲对毕业后的生活感到迷茫，决定入伍对她来说是一个巨大的转折点。这既是一次锻炼机会，也是为了"替父圆梦"。就这样，2013年9月，她辞去画室老师的工作，带着梦想，带着全家人的支持成了新兵营里的一名女兵。

刚到新兵营的齐美玲会因为连长唱的一首《明月千里寄相思》而落下热泪，“当时真的只要听到歌词中含有‘妈妈’二字的歌曲，就会控制不住想哭”。而后三个月在新兵营的磨炼让她越来越坚强，在选择部队时，她更是怀着一股冲劲，选择了女子特警队。“既然选择了入伍，就想要得到真正的锻炼，摸过真刀真枪，当兵才不后悔!”她解释说道。

回想起“八天七夜”的严苛选拔时，齐美玲显得格外坦然，“那时候虽然很累，有时还感到恐惧与绝望，但那段日子真的让我很开心。每个战友都在努力，大家互相鼓励着坚持到最后”。

要进入女子特警队并不容易，队徽上“浴火的凤凰”仿佛喻示着想要成为其中的一员，必须经过脱胎换骨的磨砺。八公里全装越野、低温下水路运送弹药、穿越障碍物、野外生存、潜伏伪装等考核内容，她都历历在目。经历了“八天七夜”的重重考验，她成为女子特警队的一名战士。“既然来了，怎么能当逃兵？再苦再难，也要挺下去!”她坚定地说道。

进入女子特警队后，日常的训练强度比选拔时要大得多。每天五点半起床整理内务，六点半出早操，吃完早饭后开始训练。训练包括基本功训练、搏击实战、抗打训练、野外训练、射击训练……一开始，她经常会因为训练太辛苦而哭泣，她默默在心里给自己打气，“忍一忍，坚持一下就过去了!”

四川女子特警队是全训部队，日常生活几乎都是训练，但是在部队里的点滴小事，她都记忆犹新：每天和战友一起看新闻联播，每周五下午党团活动；部队里会集体为寿星过生日，过年会举行篝火晚会。“记得第一年篝火晚会上，全班一起表演的街舞让人眼前一亮，上百人一起看春晚还是第一次呢，场面很壮观的……”说起这些，她仍然对军营生活充满着无限的眷念。

在部队度过的第一个春节，她给家里打电话，没有哭，也没有喊苦喊累，而是对父母说自己过得很好。“那是到部队后第一次打了超过 5 分钟的电话。部队里的情况没有和父母说太多，更多的是听他们讲……”她眼睛湿润地说道。

2015 年，完成了特警梦的齐美玲并没有停下追逐梦想的脚步。9 月退伍后，她不甘心找工作后的安于现状。她从小对考古有着浓厚的兴趣，涉猎了很多考古方面的书籍，她决定考研。“退伍后，我一门心思想考研，能够跨专业考上本校考古专业的研究生，真的挺幸运!”

时间见证了她的种种变化，从毕业后对生活充满迷茫，到选择入伍；从坚持留在女子特警队，到退伍后考研读研……齐美玲正一步一步把脚下的路走得坚实有力。

（文/张淑娴）

## 习近平寄语青年

**★青年兴则国家兴，青年强则国家强**

青年兴则国家兴，青年强则国家强。我们党自成立之日起，就始终代表广大青年、赢得广大青年、依靠广大青年。

——2013 年 5 月 4 日，在同各界优秀青年代表座谈时的讲话

**★青年最富有朝气、最富有梦想**

青年最富有朝气、最富有梦想。近代以来，我国青年不懈追求的美好梦想，始终与振兴中华的历史进程紧密相连。在革命战争年代，广大青年满怀革命理想，为争取民族独立、人民解放冲锋陷阵、抛洒热血。在社会主义革命和建设时期，广大青年响应党的号召，向困难进军，向荒原进军，保卫祖国，建设祖国，在新中国的广阔天地忘我劳动、艰苦创业。在改革开放历史新时期，广大青年发出团结起来、振兴中华的时代强音，为祖国繁荣富强开拓奋进、锐意创新。

——2013 年 5 月 4 日，在同各界优秀青年代表座谈时的讲话

**★青年将全过程参与实现“两个一百年”**

现在在高校学习的大学生都是 20 岁左右，到 2020 年全面建成小康社会时，很多人还不到 30 岁；到本世纪中叶基本实现现代化时，很多人还不到 60 岁。也就是说，实现“两个一百年”奋斗目标，你们和千千万万青年将全过程参与。

——2014 年 5 月 4 日，在北京大学师生座谈会上的讲话

# 是军人，也是生活的主人

外形甜美的谢晨是个典型的邻家女孩，很难把她与军人联系起来。谢晨入伍前是我校2012级陶艺2班的学生，她于2013年9月入伍，2015年9月退伍复学，现在是我校2014级陶艺2班的学生。

谢晨（右一）与战友的合影

当初看到征兵通知时，谢晨并没有十分在意，但是家人支持她去部队历练，就这样在家人的鼓励下，谢晨抱着试一试的态度成为北京空军司令部的一名新兵。刚到部队时，过惯了自由散漫生活的她感到非常不适应，经常怀疑自己能否坚持下去。“我到部队的第一天晚上就哭了，而且经常哭，是女兵中最会哭的！”谢晨说这句话时，脸上绽开如花一样的笑容。

部队的生活是严苛的，每天的体能训练让原本跑800米都很吃力的谢晨发了愁。穿着三斤多重的作战靴，光迈开脚步就很费力了，她刚跑到一半路程就开始头脑发晕。“好累啊，不想再继续跑了”，这样的负面情绪开始在她脑海肆意蔓延。“再坚持一下，忍一忍就过去了……”想到这，她拿出一股不服输的劲儿，重燃斗志继续向着终点前进。作战靴每天都穿，有时穿得脚起泡了也要穿，甚至肌肉拉伤，一瘸一拐也坚持训练……在部队的历练让谢晨成长为一名有担当、无所畏惧的军人。

刚到部队时，谢晨被分到了通信营，成了一名话务兵。她每天重复不断地背记电话号码，反复练习边听边打字的能力。她将号码进行分类，抄在小本子上，不管业余休息，还是训练小憩，都会抓住点滴时间来背记。“当兵两年，虽然受了不少苦，但我一点也不后悔，唯一遗憾的是吃的苦还不够，只有吃了足够多的苦才能把自己变成一名合格的军人。”谢晨说道。

回忆起在部队的生活，谢晨说起了许多与战友之间暖心的小事。“我们最忘不了部队的红烧肉和西红柿炖牛腩；经常一根棒棒糖分成四份，四个人一起吃；体能训练时，总是手拉着手一起跑，坚决不掉队；一起过集体生日，头戴着战友亲手做的生日帽，看到食堂班长做的和桌子一般大的生日蛋糕时，感到非常温暖……”现在回想起这些时，谢晨仍然对军营生活充满着无限的眷念。

在父母眼中，谢晨一直是他们捧在手里的“宝”。在军营里度过的第一个春节，谢晨和父亲通电话，电话这头谢晨不坚强地哭着和父亲讲话，电话那头的父亲也早已泪眼婆娑。每周五是谢晨打电话回家的日子，母亲在这天总会守在电话前等待女儿的来电。母亲每个月都会给她寄信，信中都是“多吃饭，好好训练，不要生病……”的叮嘱，谢晨将这些信都一封封收好，每次拆开看时，总能感受到暖意。

退伍回到学校之初，新的班级、同学和舍友让谢晨感到陌生，她常常会觉得自己是个透明人，但是性格开朗的她很快融入到班集体中，和新同学一起上课、一起生活，心和大家越贴越近。

从部队回来后的谢晨对生活多了一份责任感，得知幸福生活的来之不易，更懂得珍惜当下。“对于现在的生活，我不奢求太多，认真过好每一天，享受生活带给自己不一样的惊喜。”谢晨这样说道。

谢晨将在部队的日子当成了一种美好的回忆，而不是一个和普通大学生不一样的标签。她享受在校学习的日子，并且会保持无限热情，一直爱生活、享受生活，做生活的主人。

（文/张淑娴）

# 投笔从戎,圆梦军旅

2014 年夏,景德镇陶瓷学院一群热血学子积极响应国家号召应征入伍,经过层层挑选,2014 年 10 月,他们怀揣着梦想扬帆起航,去实现自己的军旅梦。

机电学院 2013 级材料成型及控制工程专业的黄锦江是应征入伍人员之一,黄锦江说,应征条件很严格,自己很荣幸能够被选中。

2013 年夏,刚进大学的黄锦江无意间在校园网上看到了由学校武装部发布的《2013 年夏季征兵公告》。自小就树立了军旅梦想的黄锦江在那一刻很兴奋,他说他看到了希望的曙光。于是,黄锦江便开始查阅一切与入伍有关的资料,把《2013 年夏季征兵公告》看了一遍又一遍。此次入伍体检黄锦江很担心自己的视力,体检之前那几个月,他每天都会做几遍眼保健操保持视力,听人说枸杞有明目的功效,就买了一大袋枸杞回来泡茶喝。庆幸的是,最终黄锦江的视力检测结果为左眼 4.6、右眼 4.8,险过征兵条件。

黄锦江透露,这次入伍还有一个很大的困难,爱子情切!母亲曾反对他入伍,他的母亲是个舍不得孩子吃苦的人,军营生活一待就是两年,这更会加深母亲对他的思念之情。父亲劝解说,锦江长大了,该出去历练一番了,况且这是他的梦想,我们应该支持他,理解他。经过父亲的劝解最终母亲还是同意了。当得知被分配到新疆时,黄锦江坚定地说:"新疆是个好地方,我很向往,虽然现在还不知道自己会被派往新疆的什么地区,或许是戈壁,或许是绿洲,但我有信心能够当一名合格的军人。"

刚刚毕业的 2010 级信息管理专业的李超凡打小就很向往军营生活,当兵是他自小的愿望!在高考填写志愿时,李超凡就曾报考过军校,只是因为几分的差距,与自己的军旅梦想擦肩而过。2014 年 9 月 2 日,当得知应征入伍自己被录用,即将远赴新疆时,李超凡很激动,自己 20 年的梦想终于实现了!

2013 年 6 月,自从在校园网上看到那则征兵公告,李超凡就开始给自己制定计划:每天早晨跑 4000 米,晚上跑 5000 米,100 个俯卧撑,100 个引体向上。刚开始实施的几天,李超凡几乎每天都会觉得肌肉酸痛,晚上必须要用热毛巾敷着,有时晚上都会痛得辗转睡不着觉,有时候他也想过放弃,但想想自己的梦想,就又咬咬牙坚持了下来。李超凡觉得既然坚定应征入伍的目标,就要马上去行动,虽然一开始还不知道自己能不能被选上,但他觉得这是一种精神上的寄托,更重要的是,从现在做起,可以先人一步增强自己的体魄,日后到了部队也不会觉得太吃力。不仅如此,李超凡每天都会关注一些军事要闻,当得知自己被分配到新疆后,他就在网络上搜索一些跟新疆有关的军事动态,希望对以后所生活的地方有所了解。

在临行之前,李超凡的班主任曾私下里和他进行了一次面对面的谈话,班主任让他好好干,在部队里多多锻炼,鼓励他到了部队做任何事都要不怕苦,不怕累,代表陶院学子争口气。“班主任的话让我心里很暖,其实不论去哪里,祖国哪里需要我,我就会去哪里!”李超凡如是说。

南京空军地勤部队是2012级无机非金属专业管玉峰的目的地。管玉峰小时候很崇拜军人,现在参军主要是入伍政策,以及希望自己能圆军旅之梦。

在部队一待就是两年,就要走了,李超凡很舍不得自己的老师、父母,还有朝夕相处的同学。管玉峰平常是一个沉默寡言的人,但他在老师心中是品学兼优的好学生,更是同学心中乐于助人的好伙伴。临行前,管玉峰班上的同学特地为他摆了一桌欢送宴,同学们都很热情、重情义,也很舍不得他。就在那天,管玉峰被同学间那份真挚的友情感动得哭了,他承诺,每隔一个月一定会给班上的同学写一封信,让同学们知道自己在部队里的生活情况。管玉峰表示打算在去部队之前回家一趟,和爸妈吃个团圆饭,或许以后两年内不会再吃到妈妈做的饭了。

2012级信息与计算科学专业的魏欣摩拳擦掌,跃跃欲试,魏欣说他等这一刻已经很久了。在得知自己被分配到成都军区(后属西部战区)后勤高原部时,魏欣有点激动,有点紧张,因为这次入伍他是带着对军旅生涯的憧憬去的,他不知道自己到了军队后要过一种什么样的生活,一切整装待发,一切都是全新的。在大一时魏欣就看到了征兵公告,但青春不能白白错过,魏欣选择留校一年,体验一下大学生活,在大学里历练一年后,褪去高考前的稚嫩,或许更适合做一名合格的军人。

摆在应征入伍学子们面前的是一种全新的生活,他们都在为自己的梦想追逐奋斗,为自己的理想挥洒汗水。无论现在他们是大几还是临行毕业,他们永远都是景德镇陶瓷学院的骄傲!

(文/蒋朵)

# 树立家国情怀　放飞青春梦想

## ——在大学生骨干培养学校第九期培训班开班仪式上的讲话

老师们,同学们:

大家下午好! 今天是五四青年节,我们齐聚于此,隆重举行景德镇陶瓷学院大学生骨干培养学校第九期培训班开班仪式,这是我校学习宣传贯彻习近平新时代中国特色社会主义思想和党的十九大精神、扎实推进“青年马克思主义者培养工程”的一项重要举措。在此,我代表学校党委向全校青年师生致以节日的问候! 向大学生骨干培养学校第九期培训班顺利开班表示衷心的祝贺! 向参加本期培训的全体学员表示热烈的欢迎! 向长期工作在青年工作一线的师生员工们表示衷心的感谢!

1818 年 5 月 5 日,卡尔·马克思诞生于德国特里尔。200 年来,以马克思的名字命名的思想,照亮了在黑暗中徘徊的世界历史,奏响了人类为自身解放而斗争的不朽乐章。200 年风云变幻,200 年沧海桑田,时至今日,马克思主义已经成为一种世界语言,指引着人类追寻理想社会的脚步。无论时代如何变迁、科学如何进步,马克思主义依然显示出科学思想的伟力,依然占据着真理和道义的制高点。

就我们中国而言,马克思的理论孕育了毛泽东思想,指引中国人民推翻“三座大山”，让中国从此站了起来；马克思的方法发展出邓小平理论，引领改革开放，让中国成为世界上第二大经济体；今天，马克思的学说演变成“八个明确”“十四个坚持”，习近平新时代中国特色社会主义思想将指引我们中华民族实现伟大复兴。

在我们纪念马克思诞辰两百周年这样一个特殊的时间节点上，我校大学生骨干培养学校第九期培训班开班，以实际行动研究、宣传、贯彻马克思主义中国化最新理论成果——习近平新时代中国特色社会主义思想。我想，这是陶大师生对马克思诞辰两百周年最好的纪念。借此机会，我代表学校党委提三点希望：

一要充分认识“青年马克思主义者培养工程”的重大意义。为党培养一批坚定的青年马克思主义者，是共青团的光荣责任。习近平总书记指出，“中国特色社会主义最本质的特征是中国共产党领导，中国特色社会主义制度的最大优势是中国共产党领导”，强调“政治性是群团组织的灵魂，是第一位的”，强调“广大团员青年坚定跟党走，就是初心。不忘这个初心，是我国广大青年的政治选择，也是我国广大青年的人生航向”。习近平总书记突出强调坚持党的领导这个根本政治问题，为新时代中国青年运动指明了根本方向。

实施“青年马克思主义者培养工程”是党交付给共青团的一项重要政治任务，它对于团学组织保持和增强政治性、先进性和群众性，更好地担当培养中国特色社会主义事业建设者和接班人这一根本任务，具有十分重要的意义。学校党委高度重视大学生骨干的培养。自 2008 年以来，学校把实施“青年马克思主义者培养工程”作为青年学生思想引领工作的一项重要战略任务常抓不懈，通过这个平台，在加强青年教育引导、不断坚定大学生理想信念教育等方面做了大量工作，取得了显著成效，10 年来，学校青年马克思主义培养工程共培养 1000 余名大学生骨干。刚才成玉同志介绍了今年大学生骨干培养学校第九期培训班的基本情况和创新做法，我表示赞同。本期的 100 名学员是经过精心选拔产生的，希望大家充分认识“青年马克思主义者培养工程”的重大意义，广大学员要珍惜难得的学习机会，全校各相关部门继续大力支持大学生骨干培养学校，为它的健康发展提供必要的支持和帮助。

二要坚定共产主义远大理想和中国特色社会主义共同理想。97 年前，从上海兴业路到嘉兴南湖红船，一群胸怀救国济民远大志向、接受马克思主义先进理念的年轻人聚在一起，建立了中国共产党。中国共产党在 97 年的奋斗历程中，不仅坚持马克思主义而且还坚持在实践中不断丰富和发展马克思主义，形成了马克思主义中国化的重要理论成果。

没有远大理想的激励和引领，再崇高的事业也可能会失去精神支撑和强大动力。保持对远大理想和奋斗目标的清醒认知和执着追求，需要我们以思想觉悟和理论水平的提高确保理想信念的坚定不移。党的十九大作出了“分两步走”到本世纪中叶把我国全面建成社会主义现代化强国的战略安排，使民族复兴的宏伟蓝图更加清晰展现，极大地振奋鼓舞着全体中华儿女。习近平总书记鲜明指出“为实现中华民族伟大复兴的中国梦而奋斗，是中国青年运动的时代主题”，殷切勉励广大青年“在实现中国梦的生动实践中放飞青春梦想，在为人民利益的不懈奋斗中书写人生华章！”这些重要论述，为当代中国青年指明了人生追求和奋斗的总目标。

党的嘱托、人民的期望、中国青年运动的光荣传统，赋予了当代青年沉甸甸的历史责任和奋勇前进的无穷动力。“青年一代有理想、有本领、有担当，国家就有前途，民族就有希望。”希望大家要坚定共产主义远大理想和中国特色社会主义共同理想，牢固树立为实现中华民族伟大复兴中国梦而奋斗的使命担当，踏上时代节拍，始终保持艰苦奋斗、不懈奋斗的精神状态，舍弃小我，立起报效国家和人民的大志，带动同学们勇做“强国一代”。希望大家以参加此次培训活动为契机，练就高强本领，锤炼意志品格，在自己提升理论素养的同时，努力准确有效地向周围同学宣传党的理论和路线方针政策，带动更多同学拥护和实践党的主张，坚定跟党走中国特色社会主义道路的理想信念。

三要始终做习近平新时代中国特色社会主义思想的坚定信仰者和忠实实践者。沿着马克思的理论道路前进，我们将愈来愈接近客观真理。党的十九大吹响了建设社会主义现代化强国的时代号角，习近平总书记所作的十九大报告，是一篇闪耀真理性光辉、彰显旗帜性力量、蕴含历史性飞跃、具有普遍性意义的马克思主义纲领性文献，是思想金山、理论富矿、行动纲领，充分体现了以习近平同志为核心的新时代中国共产党人背靠人民、脚踏大地、勇往直前、无坚不摧的坚定自信和坚强决心，必将在中国共产党执政史、中华民族发展史、世界人类进步史上产生革命性的重大影响，留下划时代的光辉印记。

习近平总书记在庆祝中国共产党成立95周年大会上的讲话中、在党的十九大报告中，都用较大篇幅深情寄语青年；几乎每年五四期间，都会到青年群体中与青年亲切座谈，就青年成长和青年工作发表重要讲话，还多次回信勉励各领域青年。在今年五四青年节来临之际，习近平总书记到北京大学和师生亲切座谈时指出："当代青年是同新时代共同前进的一代。广大青年既拥有广阔发展空间，也承载着伟大时代使命。广大青年要忠于祖国、忠于人民，要立鸿鹄志、做奋斗者，要求真学问、练真本领，要知行合一、做实干家，要有社会主义建设者和接班人的使命担当。"习近平总书记的亲切关怀、殷殷期待和谆谆教导，给了广大青年无比温暖、无比振奋、无穷动力，也为新时代培养锻造青年指明了正确方向。

自觉学懂弄通做实党的十九大精神，自觉以习近平新时代中国特色社会主义思想武装头脑，始终做习近平新时代中国特色社会主义思想的坚定信仰者和忠实实践者，是对我校大学生骨干培养学校学员的基本要求，也应当是新时代合格的青年马克思主义者的政治追求。大家要牢牢把握"学懂"这个前提，致力做到学深悟透，引导广大青年学生感受到信仰习近平新时代中国特色社会主义思想的强大真理力量；牢牢把握"弄通"这个基础，着力实现融会贯通，在理论与实践的结合上、在内容与方法的结合上、在领会与传播的结合上下功夫，使科学真理在融会贯通中发挥巨大效用；要牢牢把握"做实"这个关键，努力达到知行合一。

老师们，同学们，马克思的墓碑上，刻着一句流传很广的名言："哲学家们只是用不同的方式解释世界，而问题在于改变世界。"让我们一起学习马克思，做一个有理想的人、超越自我的人、不懈奋斗的人，在心中燃一团永不熄灭的真理之火、信仰之火！

老师们，同学们，我们党用共产主义为共青团命名，以马克思主义感召指引一代又一代中国青年坚定不移跟党走，在革命、建设、改革进程中始终高歌前行。在新时代，我们要高举习近平新时代中国特色社会主义思想这一马克思主义中国化最新成果的光辉旗帜，团结带领广大青年跟紧核心、汇聚力量、砥砺前行，奋发书写新时代中国青年运动的崭新篇章！

老师们，同学们，弘扬中华陶瓷文化、振兴中国陶瓷工业是景德镇陶瓷大学成就辉煌的动力源泉，建设国内外有重要影响的高水平陶瓷大学是景德镇陶瓷大学的时代使命。今年年初召开的景德镇陶瓷大学第一次党代会绘就了学校的发展愿景——我们要立足江西，服务行业，面向全国，走向世界，到 2035 年把学校建成国内外有重要影响的高水平陶瓷大学。在此基础上，再奋斗 15 年，到 2050 年把学校建成陶瓷行业领军人才培养基地、陶瓷行业技术进步发动机、中华陶瓷艺术与文化高地，实现“世界知名陶瓷大学”的美好愿景。学校如今发展的良好态势来之不易，我们要像爱护眼睛一样去爱惜。我们仍然需要以申博更大精神作为指引，仍需要广大青年学生和全校教职工、校友和关心支持陶大发展的社会各界的不懈努力。作为陶大青年学子，我们要树立家国情怀，努力成为中国特色社会主义事业的合格建设者和可靠接班人，成为引领中国陶瓷行业可持续发展的专业精英和社会栋梁，为我校加快建设一流学科和世界知名陶瓷大学的目标贡献青春力量。

祝愿我校大学生骨干培养学校越办越好！祝全体学员学有所获，学有所成！祝愿陶大全体青年师生校友节日快乐！祝愿老师们身体健康，工作顺利，万事如意！谢谢大家！

（文/党委书记　江伟辉）

## 习近平寄语青年

**★青年是祖国的未来、民族的希望**

青年是祖国的未来、民族的希望，也是我们党的未来和希望。中国共产党的创始人之一李大钊同志说过，青年要“为世界进文明，为人类造幸福，以青春之我，创建青春之家庭，青春之国家，青春之民族，青春之人类，青春之地球，青春之宇宙，资以乐其无涯之生”。95年来，我们党取得的所有成就都凝聚着青年的热情和奉献。

——2016年7月1日，在庆祝中国共产党成立95周年大会上的讲话

**★高校学生是可爱、可信、可为的一代**

每一代青年都有自己的际遇。现在高校学生大多是“95后”，再过两年，新世纪出生的青少年也将走进高校校园。他们朝气蓬勃、好学上进、视野宽广、开放自信，是可爱、可信、可为的一代。对当代高校学生，党和人民充分信任、寄予厚望。

——2016年12月7日，在全国高校思想政治工作会议上的讲话

# 与大学生活息息相关的九个关键词

## ——在2018级新生开学典礼上的讲话

亲爱的同学们：

大家上午好！

欢迎你们来到千年瓷都——景德镇，欢迎你们加入百年学府——景德镇陶瓷大学。请允许我代表全体教职员工，以最诚挚的心情欢迎你们！

你们大多出生于00年前后，被称为“00后”“千禧一代”。自信、善良、守信，是你们这一代人的闪光点。积极、乐观、正能量，是你们这一代人的座右铭。你们虽然表面上“少不经事”，但事实上内心“非常深沉”。你们个性十足，口称自己是“佛系”，实则是不放过任何提升自我的机会。刘德华、邓丽君甚至吴京，已不再是你们谈资的话题，因为“喊麦”“抖音”“王者荣耀”，已成为你们生活不可或缺的一部分。你们接受过良好的家庭教育和学校教育，你们注重个人价值的实现，你们更加渴望并追求亲情、友情甚至爱情。

同学们，今天是2018级新生开学典礼，是你们大学人生的第一场课，我们要上好，更要以此为起点，开好头、起好步。在这里，我跟大家一起来分享与大学息息相关的九个关键词语，共十八个字，作为你们十八岁成人仪式的一份礼物，希望你们能从中领悟一二。

**第一个关键词:立志——远大的志向是我们人生奋斗的目标,更是成人成才成功的关键。**

古人云“人无志不立”,“志不立,则天下无可成之事”。远大的志向,是人们对美好境界的追求与梦想,也是一个人不断进取的动力和源泉。一个人只有追求的目标越高,他的才能才会发展得越快,对社会、对国家、对民族才会更有益。相反,一个缺乏志向、没有进取心的人,往往在成长的道路上找不到人生的价值,甚至感到迷惘、困惑。青年之于国家、之于民族,是中流,更是砥柱。作为新时代的青年大学生,你们一定要志存高远、胸怀宽广,励志勤学、刻苦磨炼,真正肩负起时代和民族赋予的使命和责任。

**第二个关键词:学习——大学的主要任务就是学习,这一点做不好,其他做得再好也是本末倒置。**

进入大学前,你们也许会听到“大学里学习不重要,考试通过就行”“没有逃过课的大学是不完整的”等等这样的话语,我要告诉你,这是你人生中碰到的最大谎言,他们这样说,但你千万不能这么做。进入大学后,有些同学总是抱怨老师教得不好、懂得不多,课程安排不合理,对课程不感兴趣,这些都是逃避学习的一种托词。学习是要有兴趣的,没有兴趣学习就会成为一种负担,学习是有方法的,不学习你永远掌握不了方法。大学是你们一生中系统性接受教育的最后一次机会,希望你们懂得珍惜。

**第三个关键词:品质——品质的培养是影响和塑造我们高尚情操与美好心灵的内醒途径。**

在这个世界上,有一种力量是不会被人的智慧所计算,那就是品质。品质是一个人的基本素质,它决定了我们回应人生处境的模式。如果一个人失去了品质,那就等于失去了万物之灵长的属性。你们要学会用柔和的眼光看待世界,用温暖的心灵感受生活,唯有如此,你才会发现自己变得越来越强大。在大学里,同学、朋友之间难免会出现一些小误会、闹些小别扭,你们要学会为人处世,学会“化敌为友”。因为品质的培养是你们成长的必修课程,即使现在选择了“逃课”,毕业后还得进入社会熔炉“补课”。

**第四个关键词:健康——我们不要被亚健康吞噬青春活力,因为青春还要用来奋斗。**

“日出而作，日入而息，逍遥于天地之间，而心意自得。”这段文字节选于《庄子·让王》，描述的是农民早出晚归、过着有规律的生活。在大学里，我们有作息时间表，但有些同学偏偏喜欢过着毫无规律的生活，白天用上课的时间来“弥补”睡眠，晚上便毫无节制地上网、玩网游，这是对身体健康和心理健康的双重伤害。学校投入了大量的土地和资金来建设运动场、体育馆、篮球场，为的就是给你们锻炼身体，创造最好的条件。所以，请你们走下网络、走出宿舍、走向操场，让体育锻炼成为一种生活自觉。

**第五个关键词：感恩——我们要带着一颗真诚的心感谢身边的每个人，这是一种处世哲学。**

“羊有跪乳之恩，鸦有反哺之义。”感恩是一种生活的大智慧，感恩的思想可以净化我们的心灵。你们要学会用感恩的心来看这个世界，来对待身边的人和事，常怀感恩之心，常留感恩之意，常存感恩之情。你们平时要多和家人打打电话，不要只有没有钱的时候才想起他们。寒暑假有时间要常回家看看，哪怕是和父母聊聊天、说说话，因为等你毕业后就会发现，能陪伴在他们身边的时间会越来越少。当然，我们不是要你经常回家看父母，而是让你经常给父母看，因为你永远是他们的骄傲。

**第六个关键词：爱情——大学里可能有真实的爱情，但是请记住，那仅仅是一种可能。**

爱情是什么？爱情是男女双方，基于一定的社会基础、共同的生活理想，在各自内心形成的，相互倾慕并渴望对方成为自己终身伴侣的一种强烈、纯真、专一的感情。“一定的社会基础”“共同的生活理想”是爱情的前提条件，“终身伴侣”是爱情的终极目标，这一点，你们一定要铭记于心。很多同学会认为，“没有恋爱的大学是不完整的”“别人都恋爱了，唯独自己‘独守闺房’”。我要告诉你的是，爱情是人生的重要组成部分，但不是人生的全部，你们不要为了爱情而抛弃大学的一切。

**第七个关键词：自由——大学里没有人会限制你的自由，能约束你的只有自己。**

“不能约束自己的人，不能称他为自由的人”这是古希腊哲学家毕达哥拉斯的一句名言。有的同学会认为，高中三年实在太苦了，听老师说大学很自由。是的，大学很自由，自由到可以让你迷失方向。进入大学后，你们远离了父母，远离了束缚，学习生活基本上全靠自己安排，除非你“倒霉”，碰到让你当时又气又恨，但步入社会后却永不忘怀的好老师。所以，在选择自由的同时，请你们先学会自律，因为只有修好了“自律”这门课，才能修好我们的人生之路。

**第八个关键词：理财——你用的每一分钱都是你父母的血汗钱，除非没有流血流汗。**

理财不仅是一门学问，更是一门生活的艺术。很多大学生读书的时候一掷千金，毕业以后一个月的工资还不够交半个月的房租。我们大学生，经济主要来源于家庭，每个人都要考虑清楚自己的家庭经济状况，不要盲目地陷入感性消费的误区。对于家庭贫困生来说，首先要做的是省钱，也包括通过奖助学金“挣钱”。如果你的家境一般，为了你的家人和自己的前途，请记住不要乱花钱；如果你的家庭富裕，也请记住，与其把钱花在买名牌上面，不如去投资自己的知识财富。

**第九个关键词：安全——我们要学会珍惜自己，因为平平安安才是回馈父母最好的礼物。**

安全问题是我最担心的，也是你们父母最为担心的，这里包括人身安全、财产安全、交通安全等等。一直以来，在大学生群体中，发生的各类电信诈骗、非法传销、校园网贷等案件并不少见，这不是因为我们的知识程度不够，而是因为我们社会阅历经验不足、安全防范意识缺乏、法制观念意识淡薄。请你们记住，骗子给你画的“饼”有多大，给你挖的“坑”就有多深。在安全问题上，你们一定要树立高度的安全意识，切实提高自我防范能力，学会珍惜自己、保护自己、善待自己。

同学们，人生有很多追求，最高的追求就是知识；人生有很多机会，最好的机会就是学习；人生有很多财富，最大的财富就是健康。今天送给大家的十八个字，是良药，未必苦口，属忠言，未必逆耳，请你们收下。

最后一句话，大学虽易，学习不易，且行且珍惜。

谢谢大家！

（文/景德镇陶瓷大学校长　宁钢）

# 传承“五四”精神 勇做“强国一代”
## ——在纪念五四运动99周年暨中国共产主义青年团成立96周年升旗仪式上的讲话
(2018年5月4日)

老师们、同学们:

大家早上好!今天是五四运动99周年的纪念日,也是属于我们全体青年人的节日,首先我代表学校党委向大家致以节日的问候,祝大家青年节快乐!

今天我们在此隆重集会,举行“学习新思想,建功新时代”纪念五四运动99周年暨中国共产主义青年团成立96周年升旗仪式。这是广大青年表达爱国情怀的重要形式,也是展示青年品格的重要契机。听着激昂的国歌旋律,我和大家一样充满激动。

99年前的今天,爆发了一场以青年学生为主,广大群众共同参与的彻底的反对帝国主义、封建主义的爱国运动——五四运动,它拉开了中国新民主主义革命的序幕,促进了马克思主义在中国的传播,推动了中国共产党的建立。时至今日,李大钊“以青春之我,创建青春之家庭,青春之国家,青春之民族,青春之人类,青春之地球,青春之宇宙”的话语依然振聋发聩,“外争国权,内惩国贼”的怒吼言犹在耳,“振兴中华”的青春壮歌一脉相传,回响不绝。

99年后的今天,中国特色社会主义进入了新时代,迎来了实现中华民族伟大复兴的光明前景。“历史车轮滚滚向前,时代潮流浩浩荡荡。历史只会眷顾坚定者、奋进者、搏击者,而不会等待犹豫者、懈怠者、畏难者。”新时代要有新气象,更要有新作为。在此,我代表学校党委向全校青年学生提三点希望:

**一、传承五四精神,做新时代的新青年。**99年来,“爱国、进步、科学、民主”的五四精神,薪火相传,历久弥新,将五四铸成一枚徽章,戴在所有挺立时代潮头的中国青年的胸前。作为新时代的我们,虽然不会再回到五四运动发生的那个战火纷飞的时代,但是从历史中汲取丰润营养的我们,青春的热血里依然流淌着敢为人先的勇气,涌动着一往无前的执着,承载着对人民和国家舍我其谁的责任与使命。新时代呼唤着青年人要赋予五四精神新的内涵,那就是要在走向中华民族伟大复兴的新长征路上,勇做走在时代前列的奋进者,创造一个更加充满希望、充满活力的青春中国,要将人生理想融入国家和民族的事业中,在奉献社会中发展自我,在民族振兴中追求幸福。

**二、践行新思想,拥抱新时代,展现新作为。**习近平新时代中国特色社会主义思想是当代中国最鲜活最管用的马克思主义。我们要高举习近平新时代中国特色社会主义思想的光辉旗帜,把广大青年紧紧团结凝聚在以习近平同志为核心的党中央周围,把广大青年的磅礴力量汇聚到全面建设社会主义现代化强国的宏伟征程上,奋力创造新时代中国青年运动的新辉煌。我们青年学生要当好"新时代"的学习者、传播者和实践者,积极用习近平新时代中国特色社会主义思想武装头脑、指导实践、推动工作,努力成长为德才兼备、全面发展的人才,谱写新时代的新篇章。

**三、脚踏实地,做有理想、有本领、有担当的"强国一代"。**我们所处的时代,是一个呼唤人才而又造就人才的时代,我们的国家迎来了从站起来、富起来到强起来的伟大飞跃,这需要我们既要树立远大理想,更要脚踏实地学好本领。衷心希望同学们珍惜青春年华,勤奋学习,刻苦钻研,始终保持艰苦奋斗、不懈奋斗的精神状态,拥有如饥似渴、只争朝夕的精神,滴水穿石、磨杵成针的毅力,永不满足、攀登不止的追求,踏上时代节拍,立起报效国家和人民的大志,努力为实现中华民族伟大复兴的中国梦贡献陶大学子的青春力量。同时要把"弘扬中华陶瓷文化,振兴中国陶瓷工业"作为自己的历史使命,努力成为中国陶瓷业振兴发展的专业人才和社会栋梁,勇做新时代的"强国一代"!

最后,再次祝福大家节日快乐,身体健康,学业有成!谢谢大家!

(文/党委副书记　胡林荣)

# 厚德方能载物
## ——培育和践行社会主义核心价值观

**编者按**:2015 年 3 月 18 日下午,景德镇陶瓷学院“高岭讲坛”在湘湖校区图书馆报告厅举行,江西省人大内务司法委员会副主任陈东有教授应邀来我校作题为“厚德方能载物——培育和弘扬社会主义核心价值观”的报告。300 余名师生聆听了报告会。社会主义核心价值观离我们有多远?陈东有教授分享了九个小故事,带大家了解什么是社会主义核心价值观。

### 第一个故事

35 年前,也就是 1980 年的夏天,《中国青年》杂志上刊登了一篇署名为潘晓的文章。发的一篇什么文章呢?实际上是一封公开信——《人生之路为什么越走越窄》,其实今天我们相当多的年轻人,尤其是从校门走向社会的年轻人都会发出这个感叹。因为我们在课堂里接受老师的教育,在家庭里接受家长的教育,都认为将来整个人生是非常美丽的,阳光一片。但是,走上社会以后我们总是会遇到这样那样的问题,于是产生疑惑:“人生路到底该怎么走?”这在当时引起了讨论,涉及人生观。

## 第二个故事

1982 年,在陕西西安第四军医大学有一名叫张华的大三学生,他不仅成绩优秀,长相也十分俊秀。一个周末,他和同学聚会完回家,路过一个粪坑,突然听到粪坑里有一个老人在喊"救命",张华和他的同学准备去救老人,张华对他的同学说,我个子高,你个子矮,你在上面我在下面,我把老人拖起来,你在上面接。谁料粪坑里有沼气,人如果吸入大量沼气就会昏厥甚至有生命危险,张华把老人拖上去后因吸入过多沼气,昏过去了。他同学赶紧去叫人帮忙,但周边是农村郊区,人烟稀少,好不容易把人喊来,把张华拉上来后,张华已经停止了呼吸。这条新闻后来刊登在《中国青年报》上,张华舍己为人的事迹受到了很多人的称赞,但也有人在讨论这样值不值得。张华,24 岁,一个解放军军医大学的大三学生,他这一辈子肯定可以为党、为国家、为军队、为人民做很多贡献。被救起来的老汉 67 岁,又是农民,有人就发表议论,说这是用黄金换来一块黄铜。老人是黄铜,有人说黄铜都不如,黄金换来一块黄泥巴,黄金换砖头。

## 第三个故事

2011 年 10 月,广东佛山发生一起车祸,两辆卡车把两岁的小女孩反复碾压,小女孩身受重伤。根据录像探头,发现当时有 18 个人从小孩子身边路过,竟然没有一个人去看看这到底是怎么回事,更没有人把她救起来,最后这个小女孩是被一个拾荒的阿姨救起来的,把她抱到医院去的。因为伤势太重,小孩子经过八天的抢救,最后还是不治而亡,小悦悦用两岁的生命向全国人民提出一个一个问题,我们的经济发展物质丰富了,但请问我们人与人之间的关系呢?是更加和谐了吗?还是更加冷漠、冷淡呢?

## 第四个故事

去年的春晚有个小品节目《扶还是不扶》,演的是一个小伙子骑自行车去上班,路上自行车坏了,他就扛着自行车上班。前面有一个老奶奶摔倒在地,他扶还是不扶,他凭着自己的本能和良心打算去扶这个老奶奶,走在路上他又想不能扶,说不定会说是自己把她撞倒的,这就跳到黄河也洗不清了,所以在这种情况下他很犹豫，扶还是不扶？

在社会上已经出现了好多例老人讹诈的情况，比如南京的彭宇案。现在大家在街上看见有老人摔倒了，在扶之前要拿手机拍下来，不过就算这个年轻人拍下来了，但是有用吗？这个地方也没有摄像头，当然哪怕再大的冤屈，这个小伙子最后还是把老人扶起来了。

## 第五个故事

在《非诚勿扰》节目上，有一个叫马诺的女孩子说："宁愿坐在宝马车上哭，也不坐在自行车上笑。"这句话大家应该清楚，马诺24岁，长得也很漂亮。当然后来记者再去追问马诺讲这些话是怎么想的，她才意识到讲话讲过头了。要知道这些话里全是象征，宝马车指的是"富有"，自行车指的是"一般"或者"贫穷"，男生对我不好，只要他有宝马车我就愿意和他走，男生对我再好再痴情他带我骑自行车上下班我也不愿意，不就是这个意思吗？

## 第六个故事

同样发生在《非诚勿扰》上。2011年3月26日，有个生在美国，长在香港的拥有美国国籍的华裔男嘉宾安田。这个小伙子比较好动，因此一上来女嘉宾就给他起了个外号说他是耍猴的。但是当他讲出自己的学历的时候，大家才发现这不得了，发现他是一个非常聪明的人，本科是在哈佛大学读的，硕士是在牛津大学读的，博士是在伯克利加州大学读的，三所学校都是美国的一流大学，我们称之为常春藤大学。最后，两个女嘉宾给他留灯了，一个3号，一个11号。最后轮到安田提问题，他的问题是这样的："如果给你们一千万美元，你将怎么花？"首先回答问题的是3号女嘉宾，她说："如果我有一千万美元，我就会周游世界，读万卷书，行万里路，不仅仅我一个人去，我还得带着我的父母去，我还得和我的爱人陪着我的公公婆婆一起去。"11号女嘉宾是这样回答的："你给我一千万，我是这样，你不给我一千万我还是这样。"短暂的沉默后，安田说："我失败了，我不能带走一个女孩。"主持人孟非说："你是开玩笑吗？"安田回答说："我说的是一千万美元，不是一百万美元，如果是一百万，我会非常赞同你们的观点。但是一千万，按照现在的生活水平，你花不了，当一个人的财富超出了他的消费需求的时候，为什么不想一想为人民服务呢?”孟非一听,非常机智地接了一句:“我知道了,哈佛大学的校训就是为人民服务。”孟非虽然是很优秀的主持人,但是这一次他说错了。男嘉宾立马纠正孟非的说法:“不是,不是五个字,哈佛大学的校训是两行字,英文论行,不论字,比如英文有十四行诗。哈佛的校训,第一行是‘读大学是为了获取知识’,第二行是‘毕业了为国家和人民’。”安田离场的时候全场鸦雀无声,没有调侃的声音,没有鼓掌,大家都在思考这个问题,最后他回过头来和大家致敬告别的时候,全场爆发出雷鸣般的掌声,因为这个年轻的小伙子提出了一个让我们每一个人都值得去思考的问题——“当一个人的财富超出了他的消费需求的时候,他将怎样处理这样一笔钱?”

## 第七个故事

2014 年重庆的高考作文,说有一个房客去租房子,房东热情地接待他,房东说你可以在我这里的房子里免费住五天,你喜欢的话我们就签合同,如果你不喜欢,我们就算了。年轻人住进了房子,觉得设备好,服务也很好。第三天,房东来征求意见,问他怎么样,小伙子说,太好了,我现在就想和你签合同。房东却说,不急,还有两天,你看看还有什么需要我做的。房客说,我不小心把你家的茶杯打碎了,怎么办,我赔偿吧。房东讲,没关系,就是不知道你把打碎的茶杯放哪里去了?年轻人说,我已经把碎片清理好,放进垃圾袋并且扔进垃圾箱了。房东立马站起身到垃圾箱里去看,回来之后一本正经地对房客说,对不起,我不愿意让你住在我们家,你现在可以去另就高明。为什么呢?我们都知道,碎玻璃在打碎时会产生一次伤害,打扫运送时又可能会产生第二次第三次甚至第四次伤害,中央电视台的《焦点访谈》节目曾经专门讲过垃圾在清理过程中的再生伤害。应该说这个房客的道德水平是不低的,但是他的道德素质还不如房东老人,老人不仅希望在自己家里不要产生二次伤害,而且还希望在垃圾运送的过程中不要对别人造成伤害,因此道不同不相为谋,劝年轻人另找别处。所以说这个房东这么好,他要求的房客肯定也不一般,这大概就是人以群分。

## 第八个故事

这个故事是关于大学生做好人好事的。上个月,河南的大学生跳进水里救起了两个孩子,他自己不幸死亡,等到后来调查的时候,被救孩子的父母为了不负责任否认自己的孩子是被大学生救的，说大学生是自己掉入水中的。这个消息可能很多同学在网上都看到过了。后来经过警方的调查，确定大学生是见义勇为不幸牺牲的，孩子家长最后没有办法，才说出了实情，警方问为什么撒谎，家长说怕担负责任。而且这个家长最不应该的，是教两个孩子也撒谎，说他们不是被这个大学生救起来的。

## 第九个故事

习近平同志 2014 年 5 月 4 日到北大跟同学们一起过青年节，在和北大的学生代表、老师们座谈的时候，他提出了一个很有名的命题，叫作“第一扣子论”。穿衣服要系扣子，系扣子首先要把第一个扣子系了，如果第一个扣子系歪了，那它下面全歪了。习近平同志这一次跟同学们座谈的时候，专门讲到核心价值观，是因为青年的价值取向决定了未来整个社会的价值取向，而青年又处在价值观形成和确立的时期，抓好这一时期的价值观养成十分重要，这就像穿衣服系扣子。同时还讲就像挖井，他说，挖井的话，如果第一锄头你没有挖准，这个井就出不了水，所以要勘探好这个井在哪个地方有水，你这一镢头挖下去，这个井就可能挖成了。如果你没勘探好、没有准备好，这就不行。

这几个故事都是发生在我们身边的，也是和我们的价值观密切相关的，所以，核心价值观离我们并不遥远。

## 关于核心价值观的几条干货

**一、什么是核心价值观?**

人生观、世界观,当然还包括更具体的,如婚恋观、责任观等等,我们都可以把它称之为价值观。价值观无时不在,无处不有,人人都有。因为价值观是人对经济、政治、金钱、道德等等总的看法,我们每个人对这些都有自己的看法,这就是个人的价值观。每个人都有自己的价值观,也客观地存在着价值观。但是,像我们这样一个学校,需不需要一个大家共同认识的标准呢?肯定要的,如果没有这个标准的话,那就会是一盘散沙。所以,一个国家,一个民族,一个社会,一个单位,一个学校,甚至一个班级,大家共同认可的价值观就是核心价值观,又叫作共同价值观。核心价值观是国家、群体的理想信念的具体表现。包括今天,大家来到这儿,知道会有一个姓陈的老师来给我们讲课,讲核心价值观,要不要去呢?这就是一个价值观——要去,我们大家都想去,这就是共同价值观,是对事物的一个判断。核心价值观是我们的一个哲学名词,实际上就是一种大德,国家的德,社会的德,也是个人的德,国无德不兴,人无德不立,如果人民和国家没有共同的核心价值观,那这个民族和国家就没有办法前进,这样的情形在历史上屡见不鲜。

**二、为什么我们这么重视核心价值观?**

2014 年 2 月 24 日,中央政治局专门举行学习弘扬中国社会主义核心价值观座谈会,后来习总书记到北大、到小学、到部队里面,都谈到价值观,为什么要一而再再而三地强调核心价值观、强调道德呢?我认为当前有三种观念。第一,我们国家人口众多,社会太复杂,需要伦理,或者说是需要核心价值观来凝聚大家、团结大家,这就是核心价值观建设的必要性。第二,价值观差异是多元共存的,人人都有价值观,价值观存在于每个人心中,这是不可否认的。但是人们的价值观是多元的,什么样的都有,有的人可以舍己为人,有的人却把人家的东西看作是自己的东西,为了谋取自己的利益,不顾别人的生命安全。所以在这种情况下,我们只能把多元差异性的价值观引导到一个健康的途径上,这就需要核心价值观。第三,改革开放三十多年,我们的经济发展了,物质条件也提高了,但是我们缺乏人和人之间应有的一个健康的关系,我们缺乏社会上应该遵循的一个道德标准、价值标准,所以我们需要道德伦理、需要核心价值观。陈道明先生在这次两会上有一段话说得非常好。他说:欧洲的电影正在探讨哲学的问题,这是人的道德上线;美国的电影正在探讨社会和人性的问题,这是一条中线;中国的电影正在探讨如何能够突破道德的底线。范冰冰演的《武媚娘传奇》,道德的底线如果具体来讲,就是这条线到底降到哪里为止,所以没有办法只好把它变成大头照,这就表明我们现在的社会伦理道德、价值观下滑偏离,我们应该把它拉回来。

**三、核心价值观到底有什么用?**

我们先讲第一个大问题,核心价值观是综合国力、中华文化软实力的灵魂。一个国家、一个民族需要综合实力,一方面是硬实力,比如说我们的建设多么好,我们的军队多么强,我们的航空母舰有几艘,我们的导弹如何——这就叫硬实力。另一方面是软实力,导弹打出去是硬实力,但打一公里的导弹和一百公里的导弹是不一样的,那么请问软实力的"力"在什么地方呢?我们来看,一个国家的文化软实力从根本上说是取决于它的核心价值观,是否具有自己的生命力、凝聚力和感召力,这就是核心价值观的力量所在。举例来讲,井冈山精神就是一种核心价值观,是一种软实力。在井冈山斗争时期红军的硬实力比较差,并且缺少吃的,红军战士大冬天没有衣服穿,只好用稻草结成蓑衣穿在身上取暖。这是一个怎样的硬实力呢?他们的武器都是大刀、长矛,扛着迫击炮,但缺少炮弹或炮弹都是哑弹。那么在当时为什么大家可以坚持下去?不就是靠软实力吗?就是靠这一句话,那就是"为天下的受苦人打天下,让他们都吃饱饭,让他们都穿暖衣"。另外,苏区精神、雷锋精神、焦裕禄精神,江西龚全珍的事迹,这些都是属于一种核心价值观。其实我们在座的每个人,每一位同学,每位同学所在的家庭,都有着自己正确的价值观,当这些正确的价值观聚在一起的时候就形成了我们大家共有的核心价值观。我们现在的核心价值观,12 个词,24 个字,不就是把大家的东西集中起来的吗?所以说社会主义核心价值观注定是我们集体的,我们需要社会主义核心价值观,否则我们就是一盘散沙。习近平同志对大学生讲,人类发展历史表明,对一个民族、一个国家来讲,最持久最深沉的力量是被全社会共同认可的核心价值观。经济和军事落后,没有硬实力,一打仗就失败;可丢失了核心价值观,没有软实力,你不打仗自己先输了。我们不仅需要硬实力,也需要软实力,就是需要综合实力。人民有了共同的理想、信仰、道德,社会有了共同的核心价值观,国家才真正有力量。

**四、我们现在的社会主义核心价值观,哪一个词对你感触最深?**

对我来说,“公正”一词感触比较深,这也是当前社会需要解决的问题。全面推进依法治国决定中,强调两大问题:第一依法行政,第二司法公正,讲的都是公正,政府要建立平等的市场,政府和市场的关系要处理好。司法应该保持公正,司法如果不公正,底线就会被击穿。因为法官判决不公正的话,给社会造成的负面影响超过十个犯罪分子的犯罪,这是培根的话。犯罪分子只是水流污染,而司法如果不公正就是水源污染。导致社会不公正的三大原因:第一,我们的人情;第二,我们的特权;第三,无法无天的黑恶势力、流氓。有法律还不行,还得有法制。所以说公正非常重要,尤其在今天,尤为重要。习近平同志有一段讲话,我看讲到我们大学生的心里去了。我们要营造鼓励人们干事业、支持人们干事业的社会氛围,放手让一切劳动、知识、技术管理和资本的活力竞相迸发。让一切创造社会财富的源泉充分涌流,以造福于人民。但是,插队的来了。如果升学、考公务员、办企业、找工作、买房子、演出、出国等各种行为都要靠关系,搞成了有背景的就能得到更多的照顾,没有背景的再有本事也无法成功,这就会严重影响社会公平正义。那我们这些没有门路的怎么办呢?我们没有门路的被人家挤掉了我们自己还会讲平等吗?我们自己还会讲正义吗?还会讲诚信吗?还会讲道德吗?历史证明,一个国家、一个民族贫穷落后固然可怕,但更可怕的是精神空虚,内心没有约束,行为没有顾忌,再多的内部要求也会“法令滋章,盗贼多有”,没有了明确准则,冲破了道德底线,再富裕的物质生活,也难免金玉其外败絮其中。

**五、社会主义核心价值观的基础是什么?**

中华民族悠久的传统文化就是社会主义核心价值观建设的本源和根基。习近平同志跟大学生讲话时说到,我们中华民族有非常优秀的传统,这些传统都应该成为我们今天核心价值观的基础。哪些呢?“民为邦本”“天人合一”“和而不同”“天行健,君子以自强不息”“大道之行,天下为公”“天下兴亡,匹夫有责”等。我们要以德治国,以文化人,当然还得依法治国。我们要成为坦荡荡的君子,“君子喻于义,小人喻于利”“君子坦荡荡,小人长戚戚”“君子义以为质”,要以“义”作为自己的内核。“言必行,行必果”,讲话就要算数,做事就要有结果。“人而无信,不知其可也”,一个讲话不算数的人他怎么能靠谱呢?“德不孤,必有邻”,道德高尚的人总是有人追随。仁者就是爱人,我们要与人为善。“己所不欲,勿施于人”,自己不想要的，也不要强迫人家要。还有一句话，自己所欲，也不一定要强求别人喜欢。“出入相礼”，我们进进出出，大家都是朋友。“守望相助”，我们成为同学，成为同事，我们就要相互帮助。“老吾老以及人之老，幼吾幼以及人之幼”“不患寡而患不均”，这些思想，这些理念，在今天仍然有它的时代价值。

**六、对于高校来说，核心价值观最好的承载体是什么？**

大学校训是非常好的核心价值观的承载体，是学校要求师生共同遵守的一个道德标准。比如，清华大学的校训是“自强不息，厚德载物”，复旦大学的校训是“博学而笃志，切问而近思”，南京大学的校训是“诚朴雄伟，励志敦行”，厦门大学的校训是“自强不息，止于至善”，四川大学的校训是“海纳百川，有容乃大”，北京师范大学的校训是“学为人师，行为世范”，北京大学的校训是“爱国、进步、民主、科学”。

陶院最早的校训是“诚朴恕毅”。这四个字非常好，很具体。诚，讲究诚实、诚信；朴，讲究朴实，不花哨。高岭土虽朴实无华，但它可以烧出漂亮灿烂的陶瓷，所以学校是朴实的，为人也应该这样。恕，不喧哗，宽恕，胸怀世界；毅，就是要坚持不懈，百折不挠。

**七、培育和弘扬社会主义核心价值观，我们应该怎么做？具体如何操作？**

内化为人们的精神追求，外化为人们的自觉行动，这就是路径。具体来讲，可从以下八个方面分析。

第一，要切实把社会主义核心价值观贯彻落实到社会生活的方方面面，通过教育引导中国舆论宣传，通过文化宣传，通过实践养成，通过制度保障，让人们成为一个自觉的行为。

第二，榜样的力量是无穷的，我们要树立榜样。因为构建道德、核心价值观是要吃亏的，要有一种奉献精神、牺牲精神。谁去奉献、牺牲？你不能让人民群众去吧，你可以教育人民群众，但你不能让人民群众先走，榜样要往前走。榜样有两大类，党员干部和社会上的公众人物，包括英雄人物。

第三，要从娃娃做起，从年轻人抓起。一定要把孩子基本的习惯养好，对他这一辈子都有好处。所以真的要从娃娃抓起，从小学生抓起。第一粒扣子要系好，要在我们所有的课程教育当中有意识地把核心价值观融合到里面去。

第四，要润物细无声，要用高质量高水平的作品来形象地告诉人们真善美是什么,假恶丑是什么。文艺不能在市场中迷失方向,不能在为什么人的问题上争议,否则就没有生命力。文艺不能当市场的奴隶,不能沾染了铜臭气。

第五,要落小、落细、落实,要具体化、形象化、生活化。每一个有文化的人或没文化的人,文化高的或文化低的,都能够感知,都能够去领悟它。

第六,要利用各种场合形成一个生活氛围和情景氛围,来宣传和弘扬社会主义核心价值观。如果老人摔倒因怕老人讹诈就不扶了,那这个社会就连一点点希望都没有了。

第七,要用正确导向和法律来推动核心价值观。我们江西去年就有这么一件事,两名高三的学生在公交车上制止歹徒的行为,结果他们两个身受重伤。但是,过几天就要高考了。教育部知道后,立马打电话到省教育厅,告知这两个学生的见义勇为值得赞叹,等他们伤好之后,在身体允许的情况下可以单独安排考试,让他们能够顺利参加考试,不要耽误他们。这就是英雄可以流血,但我们千万不能让英雄流泪。

第八,就是管理层面的重视,这是一个核心价值观教育的问题。党委的领导,政府的领导,学校的领导,各个方面都是这样,甚至包括社会上管理性的服务都是这样,要体现出核心价值观的重要性。

**个人简介:**陈东有,1952 年出生于江西南昌,中共党员,教授,博士生导师,从事文学史、社会经济史和管理学研究,理论功底深厚,实践经验丰富。曾作为知青在农村下放劳动五年,1980 年考入原江西大学,先后获文学学士、文学硕士学位;1994 年考入厦门大学,获史学博士学位;在南昌大学先后被破格评聘为副教授、教授,从事中国文学史、中国社会经济史、人力资源与科技管理等专业的研究与教学。

(根据录音整理)

# 近代轻工业之父张謇之孙女张柔武先生给学校的来信

**编者按:**张謇系景德镇陶瓷大学前身中国陶业学堂创办人之一。张柔武是张謇嫡系孙女,已年届95岁高龄。2013年四月份,学校校史研究人员曾专程拜访过张柔武先生。张柔武先生虽年事已高,但思维敏捷。学校邀请张柔武先生情况允许时来学校考察并为师生做一次讲座,张柔武先生欣然应允,并商定今年5月份来学校。

近日,学校接到了张柔武先生的来信,她来不了学校了,主要是因为交通问题,航空公司因年龄问题不能给她售票,乘坐其他交通工具也不合适。她说愿望不能实现了,但她将她原本为来学校而准备的发言稿寄给了学校,以表心意。现将张柔武先生为我校师生所写的报告原文登录如下:

## 应邀于江西省景德镇陶瓷学院的发言稿

陶瓷学院的同志们、同学们:

你们好,今日应邀来到贵院和诸位相聚,很感高兴。据史料记载,我市与贵市是有历史渊源的。先祖父张謇倾慕贵市瓷器负有盛名,在1909年特与江西官方合营江西瓷业公司,但不久因故停办,今由网上了解贵省于1910年便办有陶业学堂,即江西景德镇陶瓷学院的前身,今承贵院对先祖父的厚爱,尊先祖父为学院的创始人之一,这也符合逻辑,在此,请容许我代表我市教育界感谢贵院给予我市的这份荣誉,并致崇高敬意!

江西景德镇的瓷器艺技闻名古今中外,我国国名"中国",英文以"China"为名,与"瓷器"同名。当参观北京故宫和台北市故宫时我都曾见过古朝代的瓷器。我家也曾有清代慈禧六十大寿时的寿碗,我们都认为是你市生产的,工艺、材料皆属上乘,外形美观悦目。我家有一处"濠阳小筑",是祖父晚年所建,在进大门后通向花厅的一道园门,那墙上和窗格上都点缀着琉璃瓦,黄绿色相映,光彩照人,那就是由贵市采购的。先祖墓前所竖相片是我在1981年亲自来贵市补做的。想不到,想不到时隔32年后的今日来此做客,我甚感动,在感觉上仿佛产生了一种探亲访友的亲切感。

下面我扼要地向诸位介绍先祖父为振兴中华取得的业绩和先祖父的小故事。

(一)先祖父为振兴中华,在家乡致力于建城兴业。先祖父是我国近代史上著名的实业家和教育家,同时也是一位德高望重、热爱祖国的先贤。老人家在1894年考中状元,当时帝国主义视满清政府腐败无能,从而肆意侵略中国,提出多条不平等条约,而慈禧卖国求和,不惜丧权、割地,祖父曾进谏二三次,不纳,为此祖父愤而弃官返里,决心为振兴中华,专心致志于建设家乡。祖父见多识广,胸有城府,从何起步,思路清晰。当时南通地区为农业地区,启东、海门、通州盛产棉花,祖父便就地取材,筹建大生纱厂,同时也抵制了虎视眈眈的日帝企图掠夺我国棉花的阴谋、野心。建厂过程中阻碍颇多,困难重重,首先是本州州官不予支持,祖父以锲而不舍的精神与毅力,不耻下问、多方求援,厂子终于办成了,纱机转动了。没过几年,获盈利了,有了经济基础,祖父便放开手脚,将脑中的、纸上的建城、创业的蓝图全面展开了。居民生活、学校区、休闲五山风景区、工业区、交通照明一城三镇的城市布局都如愿以偿地实现了,"模范县"的荣称扬名了。可能谁也想不到一位旧文人居然创造出这般的奇迹来,这就是张謇精神,就是张謇具有自强不息、百折不挠的爱国主义精神。至今南通三宝之称仍存:"一山",指狼山,山虽不高,香火旺;"一水"指濠河,人誉为翡翠项链;"一人"指张謇。在六七年前清华大学教授、我国建筑专家考察过我市后,查考了中国建筑史,南通市获得了"中国近代第一城"的荣称。

(二)祖父培养祖国建设人才,倡导"父教育、母实业"理念的实现。

当大生纱厂获利后,祖父便将主要精力转向创办南通师范学校。祖父之所以极其重视创办师范学校,是因为师范学校是培养师资的摇篮,从而对师范生的期望也很高。祖父聘请了知名度很高的王国维大师、日本木造老师等至校任教。在学校开学典礼上祖父对学生说:"……猥处人下,至有以奴隶目我者……欲雪其耻而不讲学问则无资。"在校歌中这样写着"民智兮国牢"。老人家将青年学生在校学习、接受教育提高到能为国家雪耻、保卫国家的高度,向学生灌输爱国主义教育,激发他们学习的积极性。祖父又说:"数年以来,竭蹶经营,薄有基础,益见实业、教育二事，有至密至亲之关系。勉强图之，然智浅能薄，唯恐有误教育之心，不敢斯须忘也。”这正说到专业学校学生如何对待学习的态度方面了，假如你不努力学习理论，不加紧专研专业，那么你的能力也不可能提高，这里透露了祖父爱生情之殷切。老人家又说：“天下一家，中国一人。”勉励学生友爱团结，要凝聚成一个人似的。祖父是有博爱精神的，他关心的不仅是自己的子孙，他对各地如有所求，也是积极支持的。老人家告诫学生：“人皆可以为尧舜，愿诸君开拓胸襟，立定志向，求人之长，为己之用。”他希望学生要胸怀大志，刻苦学习，谦虚学人之长，更好地发挥己能。老人家不仅如此要求学生，他自己也是身体力行的，贵院领导邀约我向你们介绍先祖父的成功业绩，以鼓励你们以先祖父为榜样，学成后都成为国家栋梁。

祖父体会到基础教育的重要，在创办师范之初就已意识到教学方式的落后，从而提倡学校教育。将传统私塾改为初等小学已达二三百所，另有师范中学、大学六所，职业学校二十多所，一切皆据其条件而定。在外地企业求助时，他也尽力协助。贵省多矿，祖父就看中在贵地办瓷业公司。祖父在南通办有多种慈善事业，如南通聋哑学校、养老院、残废院、育婴堂等。

祖父不仅于本地区办学，也参与及协同外地共同出力，如南京大学（原名两江师范）、南京华水大学（原河海工程专门学校）、上海复旦大学（原复旦大学）、上海财经学院（原南京财经学校，后并入上海，现又办了南京财经学院）、上海海事大学（原吴淞商船学院）、上海水产大学（原上海水产专门学校）等等。另在苏州、江阴、浙江、安徽、甘肃等地皆曾参与办工业、法政、农业、海产等学校；在协办企业方面有安徽、江西、宿迁等处。

祖父正是本着“天下一家，中国一人”的精神实实在在去做的。

（三）祖父重视培养德才兼备的建国人才，鼓励学生具有勤俭朴素、洁身自爱的养身之道。祖父写校训以诚。

艰苦自立，忠实不欺——南通师范学校；勤苦俭朴——南通大学农科；忠实不欺，力求精进——南通大学纺织科；祁通中西，以宏慈善——南通大学医科；爱日爱群，爱亲爱己——师范附属小学；等等。

今我借祖父之词赠送陶瓷学院八字“忠信永恒，力求精进”，希望同学们发扬“承前启后，继往开来”的精神，勇于提高学习积极性，刻苦自立,使中国的瓷器更多新款,出售在世界各国的市场上。

(四)关于祖父的小故事:

1. 幼年时祖父就展现出才华,11 岁时老师出上联“月沉水底”,祖父略想后,便对以“日悬天上”。12 岁时,有一天有人骑马在门前走过,老师出上联“人骑白马门前过”,祖父略加思索便对以“我踏金鳌海上来”。老师和曾祖父都很惊喜。

2. 祖父刻苦学习的精神过人

祖父在 16 岁时开始参加科举县试,只考取了第二百多名,老师很生气,因而对祖父说:“如有一千人考,那九百九十九人都能考中,唯你考不中。”祖父感到十分内疚,于是为提醒自己要加强努力,将房内墙上、窗内帐子上都写上“九百九十九”,以警诫自己。

睡眠前祖父预先用竹竿夹着所留的长辫,不让自己睡过头,当自己翻身时竹竿会牵头皮,他醒了,马上起身继续读书。

夏季蚊子多,使他不能安心读书,祖父搬两个空坛子放在桌子下面,把双脚伸入坛子内,以避免蚊子的干扰。

3. 祖父热心于办事业,但是家境并不富裕,因为他读的书多,有学问,会写文章,同时书法也好,所以他经常通过卖字渡过难关。他于 1897 年在上海时、1898 年在北京时都曾为短缺旅费不得不卖字作旅费。在 1923 年到 1924 年办聋哑学校、残废院时缺少经费,他连续卖字,一次连续六七天,一次连续卖了一个月。老人家不以为耻,因为他是以自己的劳动成绩贡献给社会的。

先祖父的生平业绩实在太多,难以一一叙及,只有学习他这般爱国的精神,各尽己责,报效国家为是。愿与诸位共勉之。

谢谢!

2013 年 5 月 8 日完稿

**个人简介**:张柔武是近代著名实业家张謇的嫡系孙女,1919 年出生于江苏南通,1935 考入杭州国立艺专音乐专科学校。1937 年进修于上海国立音专选科学校,1938 年于南通组织“抗日义勇宣传队”,1950 年任南通师范音乐教师,曾兼任江苏省政协常委等职。

# 艺术与爱国

我们大家都是从事艺术劳动的人,我们的艺术如果没有灵魂,没有国家的信仰,我们的艺术能够伫立于世界吗?在美国,我去看他们的大学教学,也是研究生教育,我们中国有一个研究生在那里,就是大名鼎鼎的李见深。他们那个班也是艺术研究班,学陶瓷的,班里面有八个学生、八个老师。每个学生的成绩是八个老师给出的成绩加起来总和的平均数。我正好赶上了他们的毕业作品展览,他们的老师和我关系也很密切。李见深就跟我说,他们的艺术作品来自世界各地不同的民族,每个作品都应该具备自己的民族性,一定要有自己民族的特色。最后这个毕业班作品的打分出来以后,最高分韩国人,是一个女学生,她的陶瓷作品表现了极强的民族特色,是一个梳妆台上面的一个器具,非常雅致大方。一个日本学生的作品就是自身的裸体。李见深的作品是把唐朝的车马和美国的奶牛结合在一起的一个车马的雕塑。从他们打分来看,在西方人的眼里,他们所看到的艺术是民族的,是地方的,是国家的传统。

我主要的一个观点就是讲爱国,因为没有国哪有家?皮之不存,毛将焉附?我们中国古代的大文人特别注重修身齐家治国平天下,如北宋的张载提出"为天地立心,为生民立命,为往圣继绝学,为万世开太平",明末的学者顾炎武高喊"天下兴亡,匹夫有责”。当今的大学者季先平在他的书中写到,每一个人的生命,只有与民族和国家的命运融合在一起,才有价值。所以我们的艺术劳动、艺术创作的主旋律不能偏离方向,连国都不爱,人格何在?人格不在,你的良知何在?艺术,是一种语言,是一种心灵的语汇,是道德思想精神和灵魂的传播。所以,要做好艺术,先要做好人。清华大学有个叫陈寅恪的大学问家,“文化大革命”时被迫害致死。他留学日本、美国、冰岛、芬兰、德国,留学了13年,精通22国文字,是历史学家,又是古文学家。台湾大学校长说过一句话:“陈寅恪这个人啊,他的大学观,三百年来第一人。”他周游各国13年回来带来了中国学。他的学生季羡林,也是大学问家,在中国的成就人尽皆知。季羡林在国外留学10年,回来研究东方学。这些人不崇洋媚外,而是洋为中用,为什么?两个字:爱国。我们是新一代艺术家,新文人,我们的思想境界还不如旧文人吗?所以我们要向他们学习。

接下来,我谈谈作为一个艺术劳动者是怎么面对生活、面对艺术的。鲁迅先生说过要敢于正视淋漓的鲜血,敢于面对惨淡的人生,艺术家除了爱也有恨。作为文人,我们的恨不能拿刀,只能拿笔。我们要唤醒正义、唤醒崇高、唤醒善良、唤醒人性的温暖,这是艺术家的使命和责任。我们的人生很短暂,我们的人生是复杂的、微妙的。我们有心灵的波动,我们对美憧憬,对幸福生活有追求。但是人生不是什么时候都是如意的,所以我们要在感情细腻的波浪中去表达平淡的人生。在平淡之中表现生命的永恒是艺术家需要寻找的美。庄子说:“天地有大美而不言,四时有明法而不议,万物有成理而不说。”罗丹也说,生活中不缺乏美,而是缺乏发现美的眼睛。我说我们东方人跟他们一样,甚至想问题比他们细腻,我们发现美丽不是靠眼睛而是靠心灵。你没有一颗真诚火热的心灵,就不能发现生活中的美。因为生活中的美像火花一样,它会让善良的人感受到。

中华文化的图示与西方文化有很大区别,我们可以把心里的话用图像、用线条表达出来,而且我们中国人还有自己的拿手好戏:书法。我们可以把至理名言用书法表达出来。它是我们民族的灵魂,是我们珍贵的琼浆玉液。“生而美者,人与之鉴,不告则不知其美于人也。”意思是,天生丽质的美人如果不给她镜子就不知道自己长得漂亮。要真正了解自己是很难的,可能有的人说,我还不了解我自己吗?其实不然,因为你如果没有达到那种境界,就不知道自己心理、生理的这种反应和变化,会突然使你始料不及。所以我们经常说艺术家要有个性。什么叫个性?就是你的身体里和生命里的遗传基因，我们民族的文化密码在你的身体里面的倾斜度、拥有量。可能有人说，我看到美的东西就去追求，这就是我的个性。其实不对，一个比较简单的比方，假如让关云长拿起绣花针，让他绣一个枕头，你认为他能绣好吗？你拿关云长的青龙偃月刀让西施去舞动，她能舞得动吗？这就是人性和事业能不能吻合的问题。

这个比方很拙劣，但是很明显地说明一个问题，我们并不反对学习西方的文明。西方文明也是地球上灿烂的文明，西方的哲人是我们取之不尽用之不竭的学术的源泉，我们可以学他们，但是我们没有必要妄自菲薄，丢掉我们自己的东西。东西文化都要兼顾、都要学习，比如黑格尔说过水是诡异的，老子也说过上善若水，道理一样，只是句式不同而已。亚里士多德说，人生得意的时候就是灾难来临的时候，希腊大哲学家柏拉图的一个学生也说过这样的话，而我们中国古代的老子也说“祸兮福之所倚，福兮祸之所伏”，就是祸与福是互相转换的。这个智慧，西方人和我们的一样。但是我们古人说的辩证关系比西方更深刻，所以东方的伟人和西方的伟人都是最接近上帝的智者。我们和这些智慧的人沟通心灵，我们才能够增长智慧。有人说过，漫长的人生如果不与这些智慧的哲人进行心灵交流，就不是完美的人生。在座的年轻朋友们，我建议你们把精力用在历史、哲学、文学上面，都去学习，你才会有自己正确的价值观和对问题透彻的分析能力，你才会像春蚕吐丝般吐出美丽的丝线。

另外，艺术必须是爱国的。黄公望的《富春山居图》就振兴了我们民族的团结艺术，因为他的作品催生了和谐的声音，艺术的力量是巨大的。所以在座的朋友们，你们一定要爱国，“爱国”两个字很简单，但是这不是空话，怎么算爱国呢？不仅仅是面对国旗举起我们的右手，而是要爱我们的山河，要爱我们勤劳的人们，热爱我们浩如烟海的宝贵的传统文化。带上一颗赤子之心，去追求我们文化的真理，这就是爱国。在你们的艺术作品里面不要丢掉了你们内心的灵魂，如果作品没有灵魂，再华丽的语言也很难撼动我们。我们的艺术思维和艺术创造根植于我们五千年的文化沃土。你看，我们中华民族的文化基因来自哪里，来自春秋时期的儒教、道教和佛教。这是在各个领域里面你不想表达也会自然表达的一种精神的血脉和文化基因。以孔子所显现出来的为人生和为艺术的最高境界，是道等于艺术的穷极统一。以庄子、老子显现出来的精神，那是崇真的艺术精神，朴实、柔和、淡雅、简练,都是春秋时期演变过来的。庄子说朴素是为美,天下莫与之争美。老子说,人法地,地法天,天法道,道法自然。“自然”这两个字,说起来很简单,但是它里面的法则却是千奇百怪的,容纳了很多天上和地下的哲理。所以,我们有好多人在评价一件好的艺术品的时候,会用一个词,叫:天人合一。我告诉大家,我们得天独厚的陶瓷艺术,它区别了其他所有的艺术。如果你们从事陶瓷这个艺术,你们的人生就是一个幸福的人生,因为陶瓷是个甜蜜的事业。经过1300度的高温的煅烧,它使我们的意志,使我们的理想得以实现,而这个实现是不可能定点、定时、定准就能够达到我们的理想的。不像油画,你每一笔下去它直接这么明显,不像国画,可以潇洒地挥舞,而陶瓷,能不能达到一个自然的和谐,要经过上帝的允许,所以我们的作品符合了老子的道法自然这么一个哲理。而且,我们的劳动是全世界艺术形式的形态中绝无仅有的。对于景德镇,大家闭上眼睛思考一下,当今的艺术家,有名的艺术家,有谁没来过我们景德镇,没到过景德镇的艺术家算艺术家吗?为什么?因为我们这个材质是上帝给我们的。你知道为什么是上帝给我们的吗?我们大家都有一个共同的名字——陶瓷。在世界任何一个角落的炎黄子孙,你们的名字都叫陶瓷。上帝既然给了你这个名字,他就要给你这个财富。陶瓷这个材质,可以说融汇了所有艺术材质的全部。油画、国画、线条、笔墨、色彩、书法、文化内蕴、思想气度都容纳在其中。同时所有的艺术几乎是一成不变的,不可能发生翻天覆地的变化,而我们陶瓷,每天都在出现新的变化,新的材质的诞生和新产品的问世,都为我们景德镇人带来欢乐。所以,同学们,我告诉你们,搞陶瓷,你们是幸福的。

中国人重视意蕴、境界,西方人重视造型、形象,这是中西方最大的一个区别。对于这一点,大家都要冷静地思考一下孰高孰低。西方人为什么特别善于出新出奇,为什么会出现像杜尚这一类人发起对传统艺术的挑战,就是因为他们的祖先是描摹生活的。中国人讲他们是状物,状是一个名词,这里作为一个动词,就是把物体的形状表达出来。他们有他们的能耐,能够把阳光和空气凝固在画布上。确实很了不起,但是照相机出现以后,颠覆了他们的艺术形态。现代艺术之父有一句话是这么说的:站在艺术边缘的热爱艺术的智者才会找到艺术的媒介,才会找到曲径通幽之路。所以我们也不要觉得高枕无忧,我们以为艺术研究生是通往大艺术家的道路,其实不然。大家回忆下中外所有的艺术家,百分之九十九都不是本行专业的，齐白石是木匠，黄公望是算命刻字的。还有明代八大山人，他满腹天伦，精通中国的历史，精通明代的历史，文学、书法样样精通。更主要的是，他有崇高的民族气节，郑板桥说他的作品“墨点无多泪点多”，他是在表达心中的民族英雄气节，这个值得学习，这就是爱国。所以说爱国能成就一种艺术。

此外，关于学风的问题，我们现在的景德镇几乎成为南非的金矿网。经济方面带着私利、带着谋利思想的人，络绎不绝，纷至沓来，真的像司马迁所说的“天下熙熙，皆为利来；天下攘攘，皆为利往”。财富、自私皆是人性的本质，但是还有一句话“君子爱财，取之有道”。所以我觉得要创造物质上的财富，首先要建立精神上的财富。当你没有精神的时候，你的物质财富也会转瞬皆空。老子说无为才能无所不为，爱因斯坦说热爱是最好的老师，所以我们要执着地追求艺术，把艺术当作你自己生命的一个组成部分。我现在退休了，已经边缘化了，但我很充实，因为我有一个美丽的伴侣，一直伴随着我。她青春，她宽容，在我人生有一些不满足的时候，她无怨无悔，不离不弃地支持我。当我趾高气扬的时候，她也没有说什么，她给我一个冷静的时刻，所以有这样的伴侣是幸福的，她就是艺术。我相信在这里的莘莘学子，你们不会为了金钱放弃对艺术的信仰。否则，那是给自己挖掘艺术生命的坟墓。从事陶瓷商业运作的商人，他们这么做，我们无权干涉，我们也不想去参与他们的艺术市场的运转。但是作为学生，千万不要走这一步，因为我的很多朋友自诩为大艺术家，甚至是赫赫有名的大艺术家，他们就在这个领域里面翻了跟头，剽窃别人的作品，售给权贵，最后权贵发现这个作品不是他的，不是他的风格，另外作品上不仅有他的签字，还有别人的签字。当然不会涉及他的学位问题，也不追及他的地位问题，但他名誉扫地，他的人格丧失了，我相信他的精神也是痛苦的。

什么是快乐？当你在艺术上有所发现，有所创造，这个喜悦比人为收到票子要快乐十倍。我们中国人非常聪明、非常智慧，我们的先人说了很多非常激励人心的一些语言，这是我们传承下来的财富。你怎么才能得到财富呢？人收财，财不可跨；财收人，你跑不掉。如何才能让财富来追你，这个问题有一个最好的办法，是不要去想财富，只有无欲，才能有为。比如说那些有成就的大艺术家，在他们年轻的时候，艺术根本就没有市场，他们仍执着地追求艺术，最后市场起来之后，他们依然无欲地去追求艺术。像吴冠中，他潦倒一生，穷困一生，他的作品价值那么高，他不为所动，但是他的过去也是很穷困的，为什么他没有收获财富呢？因为他已经登峰造极了，你说财富不会追他吗？在座的朋友们，只要你们把精力倾注在艺术追求上，财富自然会光顾你。艺术能发现人性之美，要享受人性之美，用人性之美去温暖人生，去温暖世界，用爱、用善良、用宽容和仁慈去重建价值，重建社会，修复人性的基因，实现人性的进化。朋友们，在你们对民族文化和外来文化的渴求中，用生命去感悟，去拥抱现代文明吧！阿基米德说，给我一个支点，我将撬动地球。中华民族是智慧的民族、勤劳的民族，给我们中华民族一个支点，我们也将撬动地球。同学们，用你们的汗水，用你们的爱，用你们的智慧去撬动地球吧！

（文/李菊生）

（于2013年景德镇片区高校科学道德和学风建设宣讲报告会上的演讲节选，据录音整理）

## 习近平寄语青年

**★青年有理想，国家就有前途**

历史和现实都告诉我们，青年一代有理想、有担当，国家就有前途，民族就有希望，实现我们的发展目标就有源源不断的强大力量。

——2013年5月4日，在同各界优秀青年代表座谈时的讲话

**★青年大有可为、大有作为**

展望未来，我国青年一代必将大有可为，也必将大有作为。这是“长江后浪推前浪”的历史规律，也是“一代更比一代强”的青春责任。广大青年要勇敢肩负起时代赋予的重任，志存高远，脚踏实地，努力在实现中华民族伟大复兴的中国梦的生动实践中放飞青春梦想。

——2013年5月4日，在同各界优秀青年代表座谈时的讲话

# 第二篇 励志

广大青年要立鸿鹄志、做奋斗者，培养奋斗精神，做到理想坚定，信念执着，不怕困难，勇于开拓，顽强拼搏，永不气馁。

——2018年5月2日，习近平总书记考察北京大学

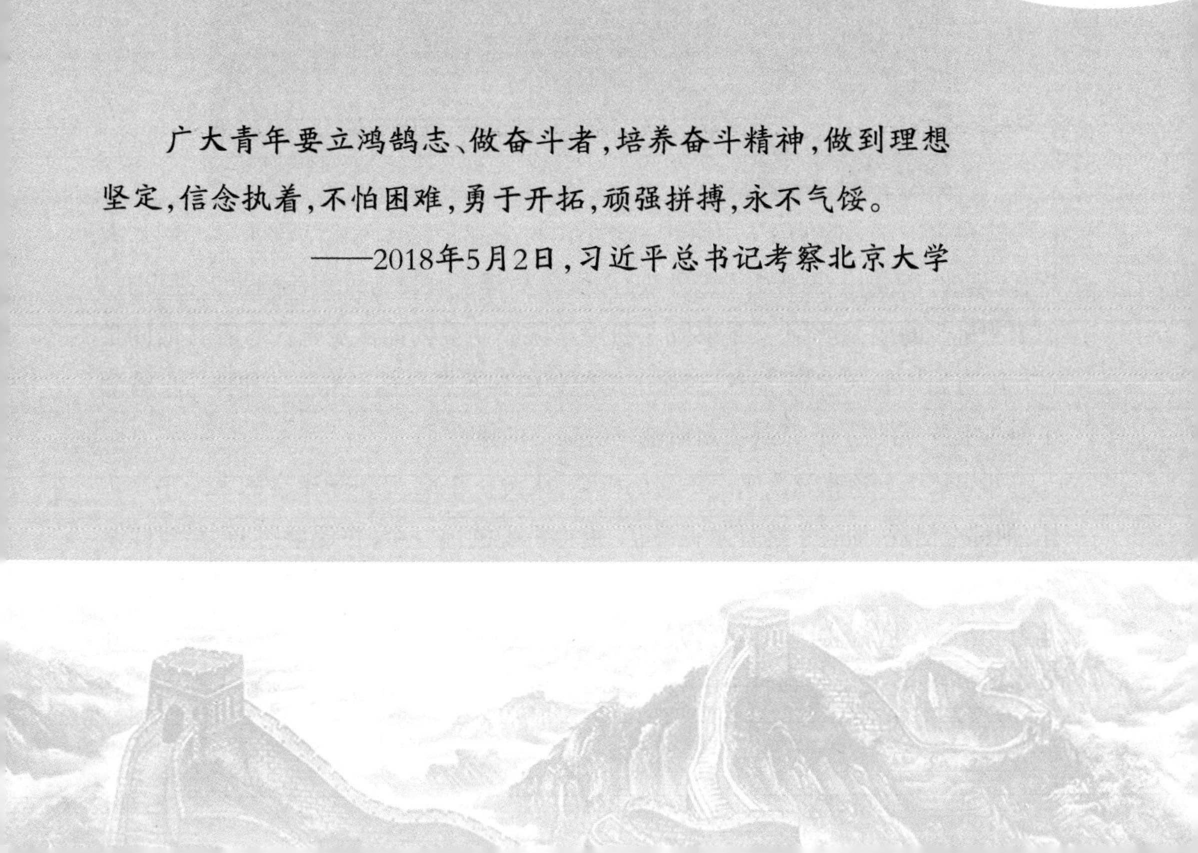

# 大学四年的华丽蜕变

## ——记景德镇陶瓷大学“全国优秀共青团员”邓煜臻

近日，共青团中央发布《关于表彰2017年度“全国优秀共青团员”“全国优秀共青团干部”“全国五四红旗团委（团支部）”的决定》，我校机械电子工程学院2014级机械设计制造及其自动化专业学生邓煜臻荣获2017年度“全国优秀共青团员”称号，全国高校仅有65名学生获此殊荣。

2014年9月，邓煜臻从山西的一个小山村来到景德镇陶瓷大学求学。刚入大学，浓重的口音加上貌不惊人的外表，邓煜臻甚至连开口与人交流的自信都没有。但渴望进步的他，毅然决然地参加了机电学院学生会的面试竞选。看着其他同学在台上自如地展示才能，胆怯、紧张的邓煜臻感到有点沮丧。指导老师钟尚贞看到了他身上质朴的品质，最终决定给他一次实习的机会。

邓煜臻十分珍惜这次来之不易的机会，从大一开始，凡是学生会的大大小小工作，他都会出现，而且永远是来得最早、走得最晚的那一个，在课余时间，邓煜臻基本每天都会去办公室，主动询问老师是否有工作需要协助。渐渐地，邓煜臻的工作能力和踏实的作风得到了认可，大一时已成为老师们身边的得力助手。“如果现在给邓煜臻打分，我会给他打101分。”钟尚贞老师说，“这多出的1分源于他总会在一些平常的工作中比别人多努力那么一点。”在平时的工作上，邓煜臻总会为老师分忧，主动谋划好接下来的工作，似乎总比别人多走了那么一步。在第 28 届“红五月”科技文化艺术节中，机电学院承办了金工技能大赛，邓煜臻主要负责组织协调等方面的工作，虽然活动完成得比较顺利，但邓煜臻在活动过后及时进行了总结，并将明年甚至是后年如何更好地举办活动的想法与老师进行沟通。

在担任机电学院学生会主席的一年中，邓煜臻全身心地投入到工作当中。为实现校运会机电学院学生集体成绩前三名的目标，邓煜臻每天都到田径场、体育馆陪着运动员们训练，即使是下雨天也不懈怠，最终机电学院荣获全校第二名的成绩。为协助筹备学院 40 周年院庆，邓煜臻顶着高烧，哑着嗓子，奔走在庆典晚会的台前幕后，即使老师们多次劝说要早些回去休息，他仍每天坚持到最后一刻，才关灯离场。为制作一部质量较高的学生会形象宣传片，邓煜臻和学生骨干一起连夜撰写脚本，学习拍摄、剪辑，通宵达旦也毫无怨言。“邓煜臻同学让我们非常感动，在他身上，充分体现了陶大学生吃苦耐劳的优秀品质和优秀学生干部的责任担当。”机电学院院长吴南星表示。

虽然是学生会主席，但他从未将自己摆在高处，而是主动跟每一位新加入学生会的干事沟通，用最快的时间记住全部干事的名字。学生会成员胡有强说：“他是一个很有领导力的学长，在工作上很严肃，私下里又会和我们处得很好。”点滴的努力换来的是一份份沉甸甸的荣誉，他多次被评为“优秀学生干部”“三好学生”。2017 年 5 月，他荣获“江西省优秀共青团员”称号。

学生会的工作占据了邓煜臻一定的课余时间，但这丝毫没有影响他的课业。

邓煜臻高效地把握在课堂上的时间，每次上课都坐在前几排，课后及时与老师交流，一有空闲就去图书馆自习，勤学加努力，使他获得了国家励志奖学金以及六次校奖学金。同时，他还抓住每一次课外学习的机会。2016 年，我校承办全省机械创新设计大赛，得知这一消息之后，邓煜臻报名参加了志愿者工作，并毛遂自荐请求负责领队工作，为的是展现陶大志愿者的风采，同时可更近距离学习全省各高校参赛队伍的科研成果。在这次志愿者活动中，邓煜臻和伙伴们接待了来自全省各高校的 20 多支参赛队伍。接待最后一支参赛队伍之时已是凌晨 2 点，他再次去会场反复排查设备情况，将各个参赛队伍的信息一一整理好之后才回去休息。第二天的比赛顺利举行，邓煜臻在场边记录了满满一本学习笔记。2016 年 7 月，邓煜臻报名参加“知行促进计划之陶瓷黄埔创新创业调研”社会实践，四天之内奔走在广州、深圳、佛山等地，寻访了十余家校友企业，白天入厂与企业领导及员工们交流学习，晚上回到驻地后的第一件事，就是把当天的对话录音和笔记进行整理，由于行程赶任务重，基本每天只有三四个小时的休息时间。这次考察学习之后，邓煜臻收获颇多，回到学校后，他还组织召开座谈会，将学习经验与同学们分享。

2017 年 12 月，邓煜臻被评为 2017 年度“十佳大学生”，临近毕业的邓煜臻忙于毕业设计和应聘工作。但得知学校十九大精神学生宣讲团招募遴选成员时，他再次毛遂自荐并通过了遴选，光荣地成为景德镇陶瓷大学十九大精神宣讲团的一员。为了高质量地开展宣讲，邓煜臻和宣讲团成员一道认真研读十九大报告原文，广泛查阅资料，精心准备讲稿和课件，深入梨树园社区、班级、学生组织社团开展宣讲。近半年来，他和其他宣讲团成员一道，累计开展宣讲活动 100 余场，在校内外引起了较大反响，深受同学们和广大群众欢迎。新华社、中新网、江西卫视等媒体予以关注报道。在宣讲中，邓煜臻不仅得到了锻炼，也更加明确了自己入党的初心，明白了作为一名学生党员的光荣职责和使命。五四前夕，作为宣讲团成员，还收获了一份特殊而又珍贵的礼物，那就是省委常委、省委宣传部部长赵力平给他们的回信。

虽然家境并不是十分困难，但为了照顾刚读大学的妹妹，体谅父母的辛苦，邓煜臻在生活中十分节俭。室友石红才说：“他的洗发水快用完时，总要在瓶中加些水，这样可以再多用一段时日。”邓煜臻的奖学金，除了一部分用于生活开支外，还坚持为福利院的残疾人和孤儿们购买生活用品和食品。

“习近平总书记在北京大学考察时对青年提出的‘忠于祖国、忠于人民，立鸿鹄志、做奋斗者，求真学问、练真本领，知行合一，苦干实干’等希望和要求，在邓煜臻同学身上都得到了生动体现，他为陶大广大团员青年树立了标杆，是大家学习的榜样。”团委书记常成玉表示。

电话中，邓煜臻的父母得知儿子获得“全国优秀共青团员”的称号时，难掩心中的喜悦。在父母眼中，邓煜臻是一个非常独立的孩子，在工作和学习中都很少让他们操心。即将毕业的邓煜臻，已经和北京的一家光伏发电公司签下工作协议。机电学院党总支副书记王希才在毕业寄语中这样写道：“一路走来，我为你的成长感到喜悦和骄傲，为你的每一次进步感到惊喜和感动，希望未来的你能不忘初心，继续努力，凡事比别人多一分努力，生命绝不会辜负你的给予和馈赠！”

“学校里比我优秀的青年学子还有很多，获此殊荣，我感到非常激动和荣幸，我将珍惜这份珍贵的荣誉，在新的岗位上不断努力，一步一个脚印，干出一番业绩，用实际行动回报母校的培养和关爱。”邓煜臻说。

（文/林涵）

## 习近平寄语青年

**★没有理想信念，就会导致精神上“缺钙”**

广大青年一定要坚定理想信念。“功崇惟志，业广惟勤。”理想指引人生方向，信念决定事业成败。没有理想信念，就会导致精神上“缺钙”。中国梦是全国各族人民的共同理想，也是青年一代应该牢固树立的远大理想。中国特色社会主义是我们党带领人民历经千辛万苦找到的实现中国梦的正确道路，也是广大青年应该牢固确立的人生信念。

——2013 年 5 月 4 日，在同各界优秀青年代表座谈时的讲话

# 从绿色军营走进象牙塔

他当了两年兵，参加了2008年湖南省郴州市的抗雪救灾，被评为“军事训练优等士兵”“学习标兵”“优秀士兵”；他十岁失去了母亲，求学路上历经坎坷，通过不懈的努力，终于圆了自己的大学梦；他把军人的精神品质融入到大学生活，获得了国家助学金和“全省三好学生”等诸多荣誉。他就是景德镇陶瓷大学陶瓷美术学院09雕塑(4)班韦柳能。

## 自强始自少年愁

1987年秋，韦柳能出生在广西壮族自治区大化县大化镇一个贫寒的农民家庭。10岁那年，病魔便夺去了他母亲的生命，两个姐姐相继辍学、外出打工。父亲每天起早贪黑，一边下地干活，一边到建筑工地做挑夫，挣钱维持生计。早早体会生活艰辛的韦柳能，开始学着做家务、干农活，为父亲分忧。

生活的磨炼，让韦柳能对梦想有了新的认识和追求。高一下学期，韦柳能选择了自学美术。

学习美术需要较大的开销，一支铅笔、一瓶颜料，对他来说都成了负担，他没办法到专门的培训班学习。有幸的是，他遇到了一位好老师——许太学。没有钱，也没有任何美术功底，但韦柳能对学画的执着精神，感动了许老师。

许老师决定免费让他到画室学习，还帮他安排了勤工俭学的工作，以便平时买画笔、颜料之用。

经过努力，2006年高考，韦柳能以高分通过了自治区专业统一考试，同时还取得了华南农业大学专业成绩全国前十名的好成绩。

遗憾的是，虽然高考文化总分超过提前批本科线近50分，但是语文单科成绩的短板，还是让韦柳能与大学擦肩而过。

## 军旅生涯铸意志

没能走进大学，失意落榜的韦柳能便只身来到广州，准备去打工。

然而，当地工程工作生活条件的艰苦让韦柳能不甘心，考虑再三，韦柳能决定回学校继续补习。

重回学校补习不久，韦柳能的命运再次发生变化。父亲让他去参军。2006 年 12 月，韦柳能通过层层筛选，成为一名解放军战士。初到军营，身体瘦弱的韦柳能常常吃不消，俯卧撑做不了 30 个，单杠练习最多做 6 个，3 公里越野跑半个小时都跑不下来，他一度成为新兵连的“后腿兵”。可是，无论多么艰难，他总是咬牙坚持，即使是瘸着腿，也要走到终点。在一次实弹演习的训练中，在满是沙石的铁丝网桩下连续爬了几十个来回后，韦柳能倒在了终点。班长跑过来搀扶他，撩开袖子，鲜血已经把他的袖子浸透了。凭着这股韧劲，新兵连结束后，他适应了部队高强度的训练。新兵三个月集训下来，他所有的科目考核全部达标，成了新兵连进步最大的一名新兵。

随后，韦柳能加强了对自己军事专业技能和体能的学习和锻炼，不到半年的时间，他成了同年度兵里军事训练的标榜，受到了领导的一致好评，被评为“军事训练优等士兵”。2007 年老兵退伍，韦柳能被连队领导推荐任连队文书兼军械员。连队的文书军械员工作量非常大，被称为连队的“管家”，特别是对于一些电脑信息技术的应用有一定的要求，这对于只有高中学历，很少接触到电脑的韦柳能来说，难度很大。但他一点也没有退缩，利用休息时间不断翻阅资料，虚心请教，平均每天睡眠不超过 5 个小时，不到两个月，就已经具备了相关业务能力。

2008 年 12 月，湖南郴州等地发生了罕见的冰冻灾害，他所在部队被紧急派往京珠高速公路、郴州地区等地执行抢险任务，韦柳能所在的连队被派往驻地抢修线路。山路崎岖，歪倒的树木挡住了前进的去路，他就和战友们一起齐心协力，在山道中开出了一条小路，将几十斤重的电缆设备一根一根往山下送，顺利地完成了任务。

由于工作出色，加上专业特长，韦柳能很快被调入机关宣传股担任宣传报道员，并在部队各级报刊发表数篇文章，先后被评为“‘三写’先进个人”“学习标兵”，还在部队举办的“军营艺术创作展”中获二等奖。

## 历经坎坷终圆梦

2008 年 11 月，韦柳能复员回家。圆梦大学的想法，一直在他的脑海里。2009

年,他决定再次参加高考,这一次,凭着自己的美术功底,他取得了269分——全县第一名的好成绩。听到这个消息的时候,他更加坚定信心,全力准备文化课考试。3月中旬,21岁的韦柳能成了班里年龄最大的插班生。

备考的道路是艰辛而漫长的。他再次走进校园,一身迷彩服、一个板寸头惹来了老师和学生异样的目光。当时,他原来高中班上的同学已经回到母校实习,同样是回到母校,别人成了老师,自己还在准备高考,他心里很不是滋味。功夫不负有心人,2009年高考,韦柳能以专业分高出雕塑专业9分的成绩被景德镇陶瓷大学陶瓷美术学院雕塑专业录取。

## 奋力拼搏勇争先

从一名部队的士兵到艺术类知名高校的大学生,韦柳能完成了人生路上的一次漂亮转身。进入大学后,韦柳能担任09雕塑(4)班团支部书记兼体育委员。在学习上,他努力学习专业和文化知识,两个学期以来,他的泥塑基础课、人体解剖课、结构素描课成绩均达到90分以上。

在2009—2010学年度两个学期分别获得一等奖学金、二等奖学金及国家助学金,并被评为"全省三好学生"。在班干部岗位上,他尽心尽职,发挥自己的组织能力,组织同学向玉树灾区捐款、去敬老院慰问孤寡老人、帮扶班上的贫困同学。2009年5月,他所在的班级被学校评为"五四红旗团支部"。在参与社会实践方面,他积极参与校内外各种勤工助学工作,发传单,做家教,销售陶瓷首饰……大一下学期,韦柳能对于自己的专业有了更明确的学习计划,他与同学合作在校外开起了工作室。为了解决设备问题,他和同学一起动手钉木架,跑到雕塑瓷厂的作坊里打杂工,一方面积累经费,另一方面学习经验。一年多来,通过承接制作各种雕塑及陶瓷,他一共累计创收10000余元,为家里节省大部分开支,还把钱寄回家给父亲买药治病。

由于出色的专业课成绩,2011年元旦,韦柳能参与了导师张嗣苹主持的有关神话人物雕塑创作的学校横向课题,做出了与课题相关的八个大型雕塑。景德镇的冬天寒风刺骨,塑泥冻得像冰块一样,但是为了不耽误工期,他和老师一起,每天持续工作12个小时以上。由于长时间高负荷的工作,他的手被冻得像脱水的茄子,一道道伤痕更是剧痛难忍,再加上工作室里炭火的烘烤,韦柳能的手很快长满了冻疮，甚至吃饭时连筷子都拿不好，但他依然坚持着。晚上十二点多，韦柳能一个人拖着疲惫的身体回到住处，昏黄的台灯下，他拿出了从图书馆借回来的雕塑资料，认真研究，总结一天的工作心得。为了尽量节省开支，韦柳能到市场上买来了几十斤萝卜，作为自己一个月的伙食开销，所以，清炒萝卜就成了他每天的"美味佳肴"。

虽然条件刻苦，但有时间，韦柳能就会和张嗣苹老师一起沟通交流，特别是雕塑的技法方面，针对如何利用泥巴的特点造型、如何表达好作品的思想及内涵进行反复探讨。如果条件允许，张老师经常安排韦柳能和她一起做雕塑，等韦柳能把大致的形体框好，逐步开始深入刻画时，看到不准确的地方，张老师就会主动过来修改，同时还给他讲解具体的原因。了解到韦柳能的实际生活困难后，张老师就把韦柳能叫到家里来吃饭，时间久了，懂事的韦柳能便成了老师的"一家人"。

在韦柳能的影响下，大二上学期，班上十多名同学开始在校外筹办雕塑工作室，一方面为自己的专业打基础，学以致用；另一方面，承接雕塑、陶瓷类的工作挣钱，减轻家庭生活负担。在韦柳能的带领下，09 雕塑(4)班成立了英语学习兴趣小组，定期开展英语演讲比赛，还成立"英语角"。大家习惯了叫他"兵哥哥"，也喜欢听他讲军营里的故事，在快乐的氛围中共同学习。

从绿色军营到象牙塔，韦柳能走过一段不平凡的道路，曾经的军营生活使韦柳能多了几分稳重和男儿气概，从兵哥哥到大学生的艰辛之路又让他多了几分刻苦钻研和努力拼搏的精神。从挫折中汲取成长的智慧，给命运一份坚强，给挫折一份潇洒，韦柳能凭借着这样一笔丰厚的精神财富，在自己的漫漫人生路上谱写着青春的乐章。

（文/赵一琳　贺涛）

# 聋人研究生余庆的教师梦

“作为聋人，我曾失望过，痛苦过。我渴望有一天，我可以自立，有自己的爱情、事业和家庭。”这是江西景德镇特殊教育学校老师余庆的心声。

1985 年，余庆出生于江西景德镇，3 岁时，药物中毒导致他神经性感音耳聋。面对突如其来的不幸，余庆的父母将悲痛藏在心底，他们想方设法让余庆过上同龄人一样的生活。为增强语言感知能力，他们数次带余庆到北京中国聋儿康复中心接受语言康复训练。到了读书年龄，余庆没有走入特校，而是进入了普通小学就读。

发生在小学里的一件事儿，余庆至今记忆犹新。由于不能正常说话，余庆害怕同学们讥笑，心中充满了自卑。这被细心的音乐老师发现了，在一次音乐课上，音乐老师鼓励他走上讲台为大家唱歌，在掌声中，他鼓起勇气，第一次在学校发出了自己的声音。班上同学跟他一起唱，并集体为他欢呼喝彩，看着大家真诚的目光，他的眼中噙满泪水……通过这件事儿，他敢于直面现实，对音乐老师心存感激，也让他对教师这个职业充满了向往。

2003 年余庆考入景德镇陶瓷大学计算机专业，大学毕业后，余庆找了一份组装电脑的工作，但这份工作并不能让他感到满意，在家人的支持下，他决定继续复习考研;2009 年,余庆以优异成绩考入景德镇陶瓷大学攻读数学专业研究生,同时,景德镇特校也向他抛出了橄榄枝,受益于国家照顾安排残疾人就业政策,他成为一名特教老师。

余庆没有想到这么快就实现了自己当老师的愿望,他决定边工作边读研。

求学期间,考虑到实际情况,景德镇陶瓷大学免除了余庆英语听力和口语的考试。课堂上,别人是听课,余庆是“看课”,通过老师的口型,结合板书来猜测老师讲课的内容,常有遗漏、不懂的地方,余庆需要挤时间通过笔谈询问老师、课后借阅同学们的笔记去弥补。余庆保存着厚厚的五摞稿纸,这是他研三与导师周永正交流毕业论文创作时留下的。提起导师,余庆充满了感激,“无论有多忙,只要我去找他,他立刻放下手头工作,用笔和我交流,从未嫌麻烦”。“余庆很想出去参加学术论坛,开阔眼界,但去了听不到,又不具备笔谈条件,最后只能放弃。但他这种求学精神让我很感动。”谈及自己的学生,周永正说。

2012 年,研究生毕业后,余庆继续在景德镇特校任教,他渴望自己能够成为一名优秀的教师。从 2009 年 4 月到现在,余庆主要教聋生,从小学数学、初中理科,到高中英语、政治,余庆化身“全能战士”,共教了三十多个小学生和十多个中学生,已经有五个孩子在他的帮助下圆了大学梦。学生用手语表达“余老师,我们喜欢你”时,是余庆最开心的时刻。

为了学习特教理论以方便教学,余庆加入了特教 QQ 群,结识了一位年轻的女聋人教师,2013 年,在苏州参加双语聋师培训时,两人一见如故,碰撞出爱情的火花。今年 1 月,她辞掉了贵阳的工作,成为景德镇特殊学校的代课老师。现在,余庆和女友正装修婚房,明年,他们的爱情就要修成正果了。

“人生最幸福的时刻就是自己找对了方向,自己的努力就有了看得见的成就。我的理想是成为高水平的聋人教师,在手语研究与聋教育领域上有所作为。”余庆在笔者采访时写道。

(本文原载于《中国教育报》2014 年 7 月 15 日第三版　文/李明文)

## 习近平寄语青年

**★人生的扣子从一开始就要扣好**

青年的价值取向决定了未来整个社会的价值取向,而青年又处在价值观形成和确立的时期,抓好这一时期的价值观养成十分重要。这就像穿衣服扣扣子一样,如果第一粒扣子扣错了,剩余的扣子都会扣错。人生的扣子从一开始就要扣好。

——2014 年 5 月 4 日,在北京大学师生座谈会上的讲话

**★青春是用来奋斗的**

人的一生只有一次青春。现在,青春是用来奋斗的;将来,青春是用来回忆的。

——2013 年 5 月 4 日,在同各界优秀青年代表座谈时的讲话

**★应该把学习作为首要任务**

青年人正处于学习的黄金时期,应该把学习作为首要任务,作为一种责任、一种精神追求、一种生活方式,树立梦想从学习开始、事业靠本领成就的观念,让勤奋学习成为青春远航的动力,让增长本领成为青春搏击的能量。

——2013 年 5 月 4 日,在同各界优秀青年代表座谈时的讲话

**★忌讳心浮气躁,朝三暮四**

青年有着大好机遇,关键是要迈稳步子、夯实根基、久久为功。心浮气躁,朝三暮四,学一门丢一门,干一行弃一行,无论为学还是创业,都是最忌讳的。

——2014 年 5 月 4 日,在北京大学师生座谈会上的讲话

# 聂丰雪:我只是做了一个大学生该做的事

近日,由共青团中央宣传部主办的“全国向上向善好青年”推选活动名单揭晓,我校材料科学与工程学院2014级无非专业3班学生聂丰雪获评2016年“全国向上向善好青年”。

根据今年推选活动安排,经过公众投票、评委会专家投票,团中央宣传部最终评选出爱岗敬业、创新创业、诚实守信、崇义友善、孝老爱亲等5类共计100名“全国向上向善好青年”,聂丰雪入选诚实守信类好青年。

聂丰雪是景德镇陶瓷学院材料科学与工程学院2014级无非专业3班学生。2015年5月25日晚上,聂丰雪在湘湖校区翠湖边拾到装有9600元现金和许多重要证件的皮包,及时联系失主归还。失主再三询问聂丰雪的姓名,并当场拿出一些现金作为答谢,聂丰雪没有说出自己的姓名,只是告诉失主自己是材料学院的学生,对于现金的答谢,她也婉言谢绝。5月26日早上,失主来到材料学院办公室,通过查询手机通话记录上的号码,才知道这名学生叫聂丰雪。2016年2月,经校团委推荐,聂丰雪获评2016年江西省“龚全珍式向上向善好青年”,并由团省委推荐至团中央宣传部参评“全国向上向善好青年”。聂丰雪是全国20名诚实守信类中

“全国向上向善好青年”的唯一一名在校大学生。

## 陶院学子拾金不昧获称赞

“对于聂丰雪同学拾金不昧的行为，真是发自内心的感谢。”寻回财物的失主王新政这样说道。

聂丰雪是我校材料科学与工程学院2014级无非专业3班学生，5月25日晚上，聂丰雪在材料学院的合唱训练结束后，来到翠湖边散步，当她走到一个石凳旁时，发现了一个皮包。聂丰雪捡起皮包，发现皮包里有9600元现金和许多重要证件，她第一反应是失主丢了这么重要的东西，心里一定很着急，于是，她打开皮包找寻失主信息。聂丰雪在皮包里看到了一张名片，发现名片信息与皮包里的身份证姓名相同，她便按名片上的联系方式拨通了电话。接到电话后，失主仍未意识到自己的皮包掉了，直到聂丰雪提醒，才发现自己的皮包不见了，于是匆匆赶去和聂丰雪见面取包。经身份证信息核对准确后，聂丰雪将皮包还给了失主。失主再三询问聂丰雪的姓名，并当场拿出一些现金作为答谢，聂丰雪没有说出自己的姓名，只是告诉失主自己是陶院材料学院的学生，对于现金的答谢，她也婉言谢绝。

26日早上，失主王新政来到材料学院办公室，通过查询手机通话记录上的号码，才知道这名学生叫聂丰雪。

王新政是参加我校举办的河南汝州市陶瓷行业人才培训班的一名学员。他表示，“9600元对于一名大学生来说，是大半年的生活开销了。聂丰雪同学这种拾金不昧的精神真是难能可贵”。聂丰雪在接受记者采访时说：“捡到东西归还失主是理所应当的，我只是做了一个大学生该做的事。”

据聂丰雪班主任邬美洪老师介绍，聂丰雪同学来自河南南阳，家庭条件一般，平时在班上学习努力进取，成绩排名靠前，课下也积极参加学校的各项活动。

材料学院党总支书记冯青表示，“我为聂丰雪同学拾金不昧的行为感到高兴，这体现出我们学生诚实守信的良好品质，希望广大学生学习聂丰雪的先进事迹，争做‘诚朴恕毅’的陶院人”。

（文/江翔宇）

## 习近平寄语青年

**★青年强是多方面的**

少年强、青年强则中国强。少年强、青年强是多方面的，既包括思想品德、学习成绩、创新能力、动手能力，也包括身体健康、体魄强壮、体育精神。

——2014 年 8 月 15 日，看望南京青奥会中国体育代表团时强调

**★同人民一起奋斗，青春才能亮丽**

当代中国青年要有所作为，就必须投身人民的伟大奋斗。同人民一起奋斗，青春才能亮丽；同人民一起前进，青春才能昂扬；同人民一起梦想，青春才能无悔。

——2015 年 7 月 24 日，致全国青联十二届全委会和全国学联二十六大的贺信

**★保持初生牛犊不怕虎的劲头**

广大青年要保持初生牛犊不怕虎的劲头，不懂就学，不会就练，没有条件就努力创造条件。“志之所趋，无远弗届，穷山距海，不能限也。”对想做爱做的事要敢试敢为，努力从无到有、从小到大，把理想变为现实。要敢于做先锋，而不做过客、当看客，让创新成为青春远航的动力，让创业成为青春搏击的能量，让青春年华在为国家、为人民的奉献中焕发出绚丽光彩。

——2016 年 4 月 26 日，在知识分子、劳动模范、青年代表座谈会上的讲话

# 陶大"网红"老师拄拐教学,除了是硬汉他还是学生口中的"雷锋和暖男"

2月14日,他拄着拐杖在校内篮球场指导学生训练的一篇新闻报道——《景德镇陶瓷大学老师拄拐执教开学第一课》,经过中国新闻网的重点推动,获得新华网、央广网、央视网、中国日报网、参考消息、环球网、人民政协网、凤凰、网易、新浪、搜狐等100余家媒体报道。

2017年2月14日是江西景德镇陶瓷大学开学第一天,一位教师拄着拐杖在校内篮球场指导学生训练,这位教师带伤工作的照片被传上网后引发大量关注,不少学生为他点赞,称这位老师"轻伤不下火线"的敬业精神令人感动。

这位"拄拐执教"的老师系该校体育与军事教学部教师黄宏。黄宏在上学期带学生进行专业训练时,导致腿部受伤。因筋骨受伤,根据医嘱,黄宏必须静养一段时间。

新学期开始,见任课教师紧缺,黄宏仍坚持请学校给他正常排课。开学前,学校考虑到黄宏受伤情况,教学部多次建议他静养休息或延迟上课时间,均被他婉言谢绝。新学期期间,黄宏承担了篮球、田径等多项课程教学任务,几乎每天满课。

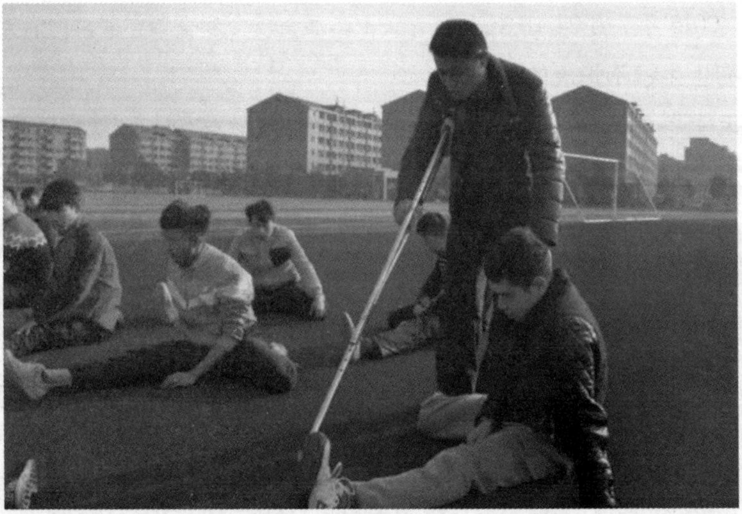

开学首日，当天上午黄宏就拄着拐杖走进训练场，开始了新学期第一课的教学工作。虽然腿脚行动不灵活，但他没有任何懈怠，上课期间仔细为学生们讲解篮球技巧，并尽可能为大家做示范，指导学生进行投篮实践。

“黄宏老师一别数十载，他那股对工作的热情劲从未曾离开。”很多了解黄宏的人都纷纷通过网络留言表示，在黄宏身上，看到雷锋精神的光辉投影，称赞这个普通的人民教师用行动践行了雷锋精神。

## 工作一天，拄拐万步

17 日上午 8 时许，景德镇陶瓷大学（湘湖校区）新田径场上，黄宏和以往一样早早来到这里给他的学生们授课。今天的课程是跨栏基础动作，从热身到俯身指导，100 分钟的课他嘴上没停，手上没停，脚下更没停。工作认真负责的他只能在工作间隙接受记者的采访。

上个学期，因为他在篮球场给学生们做示范导致右膝盖内侧韧带撕裂，按照医生嘱咐，这样严重的伤势最好是待在家中静养百日，但是黄宏却毅然回到了自己的岗位，记者问他这样疼不疼，他说疼，但是上课更重要。“体育老师比较稀缺，我又是班主任，要带 118 个孩子，为了工作和这些孩子所以我更要把工作做好。”

体育教学和其他课种教学有些不一样，因为他们要“动”的更多，对于体育专业的孩子们来说，老师除了口头上的教学，老师的现场指导示范更加重要，开学以来，拄着拐杖的黄宏没有因自己的受伤而放弃自己的指导，一次次艰难地俯身，一次次纠正学生们错误的姿势，因为他的右腿无法着力，这些看似正常的教学除了要耗费他大量的体力，更要抵抗来自身体疼痛的抗议。

在教学过程中，他很少停留在一个地方，而是拄着拐四处移动，从各个方面去观察学生和他们所练习的姿势，像这样工作一天，他需要走一万多步。

记者了解到，从业十三年来，黄宏在自己平凡岗位上可谓把体育教育这项工作做到了自己所能做到的极致。他多次率队在省级赛事中表现出色，获评全省优秀教练员，曾经连续三年授课质量获得优秀，两次被评为“教书育人”先进个人，2016年获“优秀班主任”称号。“感恩关注我的人们，我会继续努力。”

除了日常教学工作，黄宏还是一名班主任。从小学到大学，女性班主任因为其性格温柔，做事细心，成为不少学生家长欢迎的人选，而黄宏这个堂堂男子汉成为班主任后，却用他的责任心赢得了学生家长和学生们的一致认可。

体育专业的孩子因为专业和运动息息相关，较为容易受伤，有时候晚上九点后接到学生电话，说打篮球受了伤，他都会亲自带孩子去看病。学生体育课程进度慢，他还要亲自示范开小灶，绝不放弃任何一位学生。久而久之，“有问题，找黄老师去”成为他不少学生们的口头禅。找他帮忙的不少学生都说：“黄老师就是离我们最近的雷锋和暖男。”

人民网一篇评论曾说过，爱岗敬业的“雷锋”离我们最近，因为他近在眼前，近在身边。可感可思，可学可鉴，在真实而琐碎的故事里，可以照见时代的温润，折射精神之大美。

而黄宏就像一束光，用正能量传递师者的温暖，为新时代的“雷锋精神”增添新的光彩。

（文/余辉）

# 有颜有才！这位27岁的陶大人是如何拿下中国设计界“奥斯卡奖”的？

贾璟从景德镇陶瓷大学硕士研究生毕业后留校任教，目前在中国陶瓷艺术设计研究中心从事科研教学工作，同时他也是中国工业设计协会会员，设计品牌“KAMU DESIGN”创始人。（KAMU在希腊语里是“你们、大家”的意思，并且小语种里还带有设计的含义，他们就想到用这个单词来命名，体现“你们”与“设计”的结合）

在今年的中国设计红星奖评选中，贾璟设计的日用瓷作品《分油盘》从全球1657家企业的6250件产品中脱颖而出，与小米、联想等企业的作品一起走上了领奖台。

他也曾为上海迪士尼设计中国元素陶瓷旅游纪念品，多次参与国内外各大奖项展览并获奖。

“做设计首先要找到问题，思考解决问题的办法，用最简单的方式，达到最好的效果。”贾璟生活中善于观察小细节，通过自己的思考，形成一种概念，并将想法付诸实践，设计成实在的产品。

“过年的时候，餐桌上全是大鱼大肉，因为油腻吃着没食欲，就在想有什么办法可以让食物在吃的时候不油腻又不失本味。”他有了初步的想法后就在思考如何分离油与食物，并将想法落在盛食物的餐具上，开始想过用锅、筷子、勺子等等，但是觉得不够简单，最终还是落到了餐盘上，通过餐盘的弧度，使油与食物一段时间后分离，分离出来的油留在旁边的凹槽中，也可以供食用者蘸取。

他说，《分油盘》的主旨是希望人们在日常用餐中养成健康合理的饮食习惯，拒绝对人体有害并过分油腻的食物。

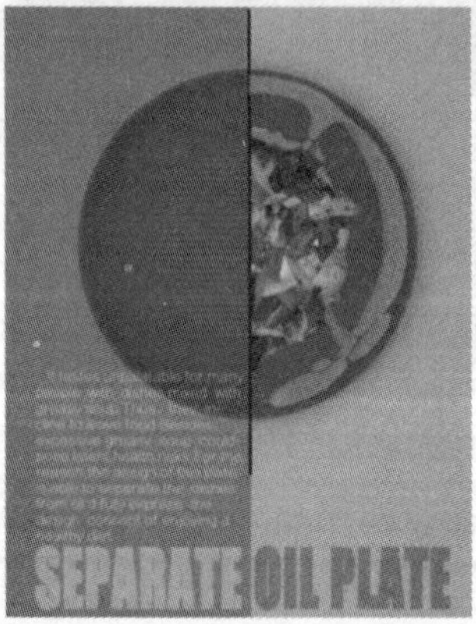


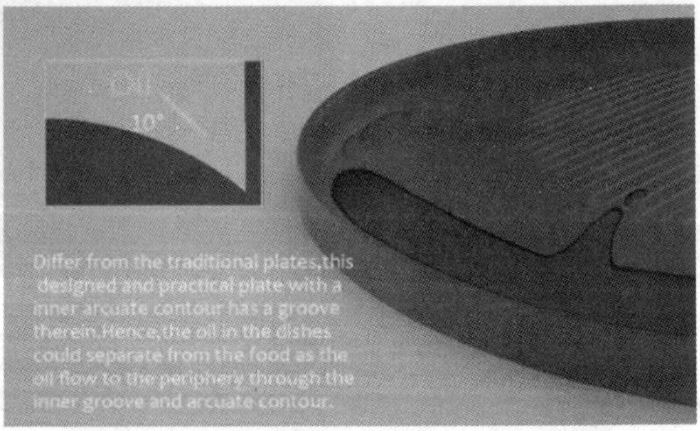


“我喜欢实实在在的东西，而不是只停留在概念上，设计一个产品，就是希望它能够满足大众的需求，发挥出产品本身的作用，不能只是为了设计而去设计。”他说，很多人偏向于拿概念奖，但是他觉得设计一个东西就该是有意义的，能做成实在的物，能为人所用，才算是把设计做得有价值，自己今后也主要是往具体的产品设计发展。

## 从兴趣变成专业

“认定了一件事，就去把它做好。”贾璟本科时在郑州轻工业大学学习工业设计，研究生在景德镇陶瓷大学攻读陶瓷产品设计专业，从小爱画画，喜欢动漫，上大学后，他开始迷上了设计。

“我小学开始学习国画，学校里最喜欢美术课，每次都是优秀，初中因为对漫画的喜爱，逐渐画起了动漫人物，高中父母便支持自己去学习艺术。”大学毕业后，因为家人想他留在家乡，从事有关陶瓷的工作，他便选择了景德镇陶瓷大学，从零开始，学习有关陶瓷方面的知识。

“毕业时也做了一次抉择，本田汽车在我们学校只招一个人，招了我，想了很久，最终还是选择留在陶大当老师。”既然选择了远方，就要风雨兼程，他选择了陶大，并尽力做到自己的最好，努力尝试，努力奋斗，最后收获了果实。

贾璟在学生时代就会给自己列计划，并且做每件事都会先理清思路再去实施。“在来陶大读书之前我对陶瓷并不了解，可是既然我来这里读研究生，就列了计划，第一年先熟悉陶瓷的材料，第二年参加学校奖项的评比、争取奖学金，然后参加作品展。”他按照计划一步步走，校内外获得了很多奖项，包括首届研究生国家奖学金。

“从一年前有计划设计《分油盘》这个作品，先是对身边的朋友进行了调研，从二月底开始制作草图，四月底有了初步的方案，然后从方案中进行筛选，再进行模具的制作。”看似简单的四个步骤，背后却是无数个日夜的奋斗，一拿起画笔就是几小时的头脑风暴，他常常思考到深夜。

他在“把食物与油分离”这个问题中花了很大工夫，分析食物与油的属性，固体与液体之间的特性，最后发现液体的流动性强，可以利用巧妙的弧度设计达到想要的效果。“餐盘最大的核心在于盘子弧度的确定，弧度太大，食物容易分散，弧度太小，油就难以分离，我们先进行预估，然后做了大概十次实验，发现弧度为 10°时就恰到好处。”他分析到制作陶瓷时，还要考虑烧成前与烧成后的效果，陶瓷在烧制时会存在收缩比，为了达到最终 10°的效果，制作时就必须预留一部分幅度，先做成 12°，作品的好坏与精度密不可分。

## 新技术新材料助力创新设计

设计好产品后,在制作模具时遇到了阻力,他说:"《分油盘》上面有几个轴,手工拉坯没办法做到,当时就想到利用3D打印技术来达到造型效果。"中国陶瓷艺术设计研究中心王爱红对他的作品进行了支持,王爱红主任与同事们利用设计中心正研究的3D打印技术帮助贾璟攻克了这个成型技术难关。他还提到团队的重要性,一个人的思维容易局限,但团队可以碰撞出许多有意思的想法,共同学习共同进步,才能将产品做得更好。

贾璟喜爱创新,对于陶瓷产品设计,他认为设计陶瓷的思维不能仅限于餐具、茶具、灯具,哪怕是日用陶瓷,也可以制作出音响、冰箱、笔等别具匠心的作品。

"只要我们能想到的东西,都可以用陶瓷来替代,陶瓷自带一种文化属性和智力属性,比如木料、塑料等材质制作的东西都可以尝试用陶瓷去替代,也会让人眼前一亮。"

作为陶大的老师,他希望将陶瓷设计的产品应用于生活的方方面面,既能体现文化,又能让人觉得很有意思。对于陶瓷产品的设计,他说每一个设计者都要跳出自己的圈子,去了解不同群体对于一件产品的需求爱好,受大众喜爱、为大众称赞是产品的基本属性,然后再延伸到精神层面,将作品背后所表达的更深一层的含义也体现出来,才算是将设计贯穿于陶瓷产品。

从一名学习工业设计、陶瓷产品设计的学生,到陶大的一名从事科研教学工作的老师,再到如今拿下中国设计界"奥斯卡奖"的设计者,源于贾璟对设计的热爱。贾璟热爱生活,将兴趣发展成专业,将设计融入到陶瓷,把大众群体的需要作为他设计的基础,把设计出有意义的陶瓷产品作为他前行的动力。

与其说贾璟拥有独特的设计理念,开阔的设计思维,不如说他把对美的追求转化为设计,把发扬景德镇陶瓷文化付诸实践。

(文/田倚凡)

# 崔雨朋:断指男孩撑起一个家

崔雨朋,中共预备党员,景德镇陶瓷大学2013级材料化学专业学生。曾获得国家励志奖学金,学校二等奖学金两次、三等奖学金三次;“三好学生”“优秀共青团员”“优秀学工助理”称号;江西省首届“互联网+”大学生创新创业校级三等奖。在国家级课题“银质陶瓷墨水的研发”中担任队长,参与陶瓷抛光废料制作发泡陶瓷、铋层状压电陶瓷掺杂改性等多个国家级、省级课题研发;近日荣获“中国大学生自强之星”提名奖。

他的愿望是为父母提供一个稳定的生活,努力工作去回报社会。“我不能放弃,我也没有资格去放弃。”1992年12月出生的崔雨朋给人的印象是典型的阳光男孩,让人难以想象的是,来自山东临沂的他,父亲残疾,母亲身患重疾,从12岁开始,崔雨朋就用自己稚嫩的肩膀挑起了整个家庭的重担。

## 苦难打不倒他坚强的意志

崔雨朋60岁的父亲从小腿部残疾,母亲精神有问题,需要长期服药,至今因病已经接受了4次手术。“我爸左腿比手腕还细。”他的父亲依靠捡下脚料为生,夏天高温的时候也没停止过,每次出去汗水都能把衣服浸湿,只能用冷水一次次地冲自己来缓解暑热。“有的沉的扛不动,只能一点点挪。”1 米、2 米……50 米,对于很多人来说只是一个很短的距离,但是他的父亲扛着重物挪时会花多长时间,这是难以想象的。“我爸说在我 3 岁时,妈妈曾自杀过。”母亲生活难以自理,需要有人待在家里照顾她,并且每天晚上都会做噩梦,“经常大半夜她被吓醒,然后就开始大喊大叫,需要我们陪伴在身边”。他没有向苦难妥协,而是选择自强面对未卜的远方。他说:“父母的路是我大写的心疼,所以我不能放弃,不能辜负父母的期待,要努力减轻他们的负担,既要保证学习,也要努力去兼职赚钱,无论前路如何,我不能放弃,我也没有资格去放弃。”

他从初中开始打工补贴家用,高二打工时不幸触电,右手拇指被烧断,他昏迷了七天七夜,手上打满了钢针,接受了近一年半的治疗,但是一直无法正常写字。“当时右手没有知觉,我就开始尝试用左手写字。”因为左手写字慢,他第一年高考没有答完试卷,为了大学梦,他选择复读。“高考时,左手写得不够快,只有右手的一半速度,最终没能完成试卷。”他不愿再回想那时复读的费用是怎么凑出来的,他只知道要拼了命地读书,拼了命地努力。第二年高考,受伤的右手写疼了,就用左手继续写,他终于考上了大学,可高昂的学费却让这个风雨飘摇的家庭犯难。“当时家庭经济情况很糟糕,平时都是吃馒头和咸菜度过的。”为了挣学费,他到建筑工地当保安,每天 24 小时值守,之后又去北京打了一个月的工。大学第一天,他就开始了兼职教课,从 10 元每小时,到现在 80 元每小时,从被怀疑教书能力,到现在学生、家长赞不绝口,他收获了工资,也收获了信心。“我相信,只要努力,一定能够做好!”大一寒假他到深圳打工,大一暑假办了一个辅导班,2014 年 5 月,母亲因为肠道有肉瘤需要做手术,他把打工赚的钱全给了家里。“当时身上就只有 60 块钱,还好打工的餐厅包吃住,就不停地教课、卖手机、卖电动车,一点点来挣取自己和家庭的生活费。”大二他在文都教育担任市场主管,并获得了“优秀员工”称号;大三担任中快公司经理助理。就在 2016 年,长期患病的母亲又查出了乳腺癌,每月的费用接近一万元,今年 2 月就开始进行放疗,估计一个月要七八万元,正在到处筹钱。

在大学里他一共赚了 7.25 万元钱,供自己读书和贴补家用。他说:“大四的路,依旧看不到方向,但我依然还要坚持,还要继续奋斗。”虽然不知道这样不安定的生活还要多久,但是他知道要微笑着去面对,只有自强和乐观才能让明天更好。

## 心怀感恩，努力学习回报父母和社会

崔雨朋进入大学后，政府给了他5000元补助，他两次获评助学金，一次获评励志奖学金，国家提供的助学贷款让他的学业有了保障。“老师、同学也给我很多帮助，让我有机会参加很多活动、比赛，在很多问题上给我技术支持和指导，并且给我介绍兼职工作。”在一次次的跌倒和困境中，老师、同学给他鼓励，让他重拾信心。很多个晚上，从市里教课回来都过了12点，值班大爷知道他的情况，总是会为他开门。他说：“是有了这些帮助，我才能坚持到现在，身边的人让我感受到温暖，让我充满正能量，非常感谢大家。”这些感动，他都收藏在心里，他决心用自己的行动去回馈社会。2016年8月在医院照顾母亲期间，他帮助照看了和母亲临床的一个80岁的老太太，主动承担起帮老人买饭喂饭的职责，晚上定时起床两次查看她的情况，得到医院很多人的好评。在学校认真完成学校交给的任务，积极参加志愿服务活动，曾担任瓷博会志愿者，他说：“我会尽自己所能为社会做贡献，用自己的行动回报社会，争取成为对社会有用的人。”

“未来我还要做更多的兼职，可能学习的时间更少，但是越是这样，我越要珍惜，父母为我创造了机会，我不能荒废。”他既要保障自己的生活，也要刻苦学习，兼

职的同时丝毫没懈怠过学习。他的成绩始终在专业前五，他获得国家励志奖学金等多项荣誉，在学校里担任学习委员、校友志愿团活动部部长、学生党支部组织委员，获得江西省大学生创业公开课“创业之星”。

（文/田倚凡）

## 习近平寄语青年

1. 广大青年既是追梦者，也是圆梦人。追梦需要激情和理想，圆梦需要奋斗和奉献。

2. 广大青年应该在奋斗中释放青春激情、追逐青春理想，以青春之我、奋斗之我，为民族复兴铺路架桥，为祖国建设添砖加瓦。

3. 坚持好、发展好中国特色社会主义，把我国建设成为社会主义现代化强国，是一项长期任务，需要一代又一代人接续奋斗。

4. 当代青年是同新时代共同前进的一代。广大青年既拥有广阔发展空间，也承载着伟大时代使命。每一个青年都应该成为社会主义建设者和接班人，不辱时代使命，不负人民期望。

5. 要知行合一、做实干家，面向实际、深入实践，严谨务实、苦干实干，在新时代干出一番事业。

6. 要以社会主义建设者和接班人的使命担当，为全面建成小康社会、全面建设社会主义现代化强国而努力奋斗，让中华民族伟大复兴在我们的奋斗中梦想成真。

——2018 年 5 月 2 日，中共中央总书记、国家主席、中央军委主席习近平来到北京大学考察并发表重要讲话

# 为他人开出一朵花

## ——访《山那边有匹马》原型、陶大校友戴钰

2016 年 5 月 20 日，贵州作家山峰在朋友圈广发“寻人启事”，寻找一位名叫戴钰的美术老师，并想邀请她看一部不久后即将上映的电影——《山那边有匹马》。山峰表示，正是戴钰老师 13 年前在贵州支教的事迹深深地打动了自己，让自己萌生创作文学作品来反映留守儿童的困境。经过多年的打磨，他完成小说《骑士少年的歌声》，2014 年小说改编成电影《山那边有匹马》。据了解，这位被全城搜寻的戴钰老师是我校陶艺专业 1996 级校友。

“你们看，这是当年我在贵州教过的学生给我留的言。”戴老师拿出手机兴奋地指给我们看。虽然距离戴老师在贵州支教已经有 13 年之久，但是当年被戴老师教过的学生仍然通过各种方式来表达对戴老师的感激之情。在浏览那些学生们给自己的留言时，戴老师的手指划得很慢，仿佛不舍得错过每一个字，又仿佛陷入了当年的回忆中。

13 年前，戴钰老师和另外 4 名老师在贵州的一个小山村开始了为期一年的支教生活。对于支教的环境，戴钰是做好了心理准备的，但还是出乎了自己的意料。

“整个住所都是空的,几乎没有什么家具。他们用很多个蛇皮袋缝在一起,这才有了一个蚊帐,墙壁上也有一个很大的洞口时不时会漏风。”描述起当年所看到的环境,戴钰还是有一点不可置信。“当年在陶院的时候,学校组织过‘西北行’的采风活动,去大西北采风一个月,连续睡过好几天的绿皮火车,那时候可比在贵州的时候艰苦多啦。”在谈及如何快速地适应艰苦的环境时,也勾起了她对陶院生活的回忆。

戴钰是一名美术老师,主要的任务是教孩子们画画,但是她不仅仅教给孩子们画画的技巧,更多的是让孩子们拥有对美的感受,学会欣赏生活中的美好。在课堂上,戴老师尽力地拓宽他们的视野,给孩子们讲设计,讲品牌,激发孩子们对外界的好奇心。“其实他们内心深处最渴望的,还是家人的陪伴。”戴钰的语气一时间有点低落。她曾让孩子们做过一个小游戏,让孩子们在纸上写下最想做的几件事,而出现频率最高的,是“想和家人共进晚餐”。学会如何表达爱,也是一种能力。

在支教的过程中,也时常会有一些学生表现出暴力的行为。“他们缺少关爱,我们要做的,就是给孩子们带去关爱。”戴钰说起这话时,眼神异常坚定。作家山峰在接受其他媒体采访时说道:“她不像普通的老师,也不像把支教当成任务的支教老师,而是沉下心来,会在乎孩子们心里想什么。孩子们都几乎叫她妈妈了。”为了关心孩子们,戴钰经常去学生家进行家访,也时常给当地的农民进行扫盲,教给他们文化知识。

现如今,戴老师在深圳的一所学校教授美术,闲下来的时候,便会到自己的工作室待上几天进行创作。工作室依山傍海,不知名的且未被开发的山,不是旅游景点的海。见到她时,便是穿着一袭民族风长裙,及肩的卷发自然地披着,声音温柔好听,如春风化雨。“我曾经是陶院广播站的播音员,还是舞蹈队的队长呢。”谈起在陶院的一些经历时,她总是那么的开心。

在支教结束后的13年间,戴钰和朋友们一起,陆陆续续地资助了30多个学生,与很多学生直到现在都保持联系,虽然与那些学生都素未谋面。“通过支教我看到了生活的很多面,困难都只是相对的,我发现了自己的渺小。”不仅仅是资助学生,平时在朋友圈或者网页上看见有人在众筹需要帮助,戴钰也会尽自己一份小小的心意。

“现在的大学生需要多出去走一走，去感受自然，感受各地的风土人情，这都是精神上的财富。”走进戴钰的工作室，就看见几幅刚刚临摹好的敦煌壁画挂在墙壁上。“原来在陶院的时候，很不理解为什么机器能解决的事情需要自己用手去解决，为此还和老师吵过架呢。”戴钰不好意思地说道。但现在，她告诉我们，“很多东西是要用手和心去体会的”。就在采访之前，她趴在地上满手糨糊地裱好了一幅画。

赵传玉是戴钰在陶院求学时期的老师，即使二十年过去了，赵传玉依然记得当时那个倔强的小女生，“她把山水看作她抒发情感寄托情思之所在，从她的画中，便能看出她的纯粹”。

戴钰已经不是二十多岁的小姑娘了，但是她依然像一朵春天的花，开得肆意又洒脱，由内而外散发出来的美丽与善意在不断地给他人送去芬芳。

（文/李韵涵　李婧薇）

# 熊岩涛:用镜头记录青春和梦想

熊岩涛,景德镇陶瓷大学2016级研究生院艺术3班学生,校团委学生副书记、景德镇陶瓷大学党的十九大精神学生宣讲团团长。曾担任景德镇陶瓷大学校报记者团副团长、江西高校传媒联盟常务副主席,曾作为中国青年代表参加第三届中越青年大联欢活动。他积极弘扬校园正能量,创作了一批大学生喜闻乐见的网络文化产品,发出了当代大学生的"好声音",引导了网络正能量。其创作网络文化产品和宣讲十九大精神的事迹多次被社会媒体报道。

2016年9月,不少景德镇陶瓷大学师生、校友的朋友圈都在转发一部名为《陶大·拾光》的视频,百余组画面用延时摄影的方式展现了景德镇陶瓷大学的地标景观与人文特色。这般美景和创意让不少师生纷纷点赞,"美不胜收!""陶大是我最不后悔的决定之一!"视频上线两天,点击量就已突破2万。

这部获得众多好评的视频的作者是景德镇陶瓷大学2016级艺术硕士熊岩涛,在他本科的四年时间里,他几乎搜集了景德镇所有的好天气,用两万多张照片,200多G的素材,记录下了时光里的景德镇陶瓷大学。

延时摄影有别于正常的拍照或摄像，是由几十上百张照片，把几分钟、几小时甚至是几天的时间压缩在一个较短的时间内以视频的方式播放。“最困难的是那几组夜景星轨，每次拍摄都是对耐心的考验。”熊岩涛说，星星缓慢运动的轨迹用延时摄影表现非常美，为了使星星运动轨迹更大，画面里的三四秒，他要拍 3 ~ 4 小时。“到了深夜特别冷，有几次到半夜雾气把镜头打湿，完全没法拍了。”处女座的他对画面要求苛刻，追求完美，每天都看天气预报，只要是晴天或多云，他都会带着相机出门，生怕错过一处景色。

“每一栋楼，我都爬过；每一处景，我都清楚；每一个美丽的瞬间，我都想把它们呈现。”熊岩涛还在继续用镜头记录着，从高楼鸟瞰，从水旁静观，安静地叙述他的“影像诗”。

2017 年 6 月，一部名为《瓷时 · 辞刻》的毕业短片在网络上走红，仅在两天内视频点击量就达五万余次。这是熊岩涛和同学们自主填词谱曲，自编自导自演的毕业 MV，熊岩涛将它作为一份特殊的毕业礼物送给毕业生们。

伴随着舒缓的曲风，视频从大一开学军训、寝室生活展开画面，学生熟悉的图书馆、翠湖、主教楼……属于 2017 届毕业生的共同记忆依次呈现，每一帧画面都充满回忆，每一句歌词透着离情别绪，该校校长和各学院的老师们也在 MV 中出境，用不同的方式祝福毕业生。

MV 也在景德镇陶瓷大学毕业典礼上现场播放，一些毕业生在现场观看后感

动地落下了眼泪,2017届材料化学专业毕业生江翔宇动情地说:“这是最珍贵的毕业礼物。”

“自己经历过一次毕业,很理解毕业时刻的心情,所以想以这样一部片子来纪念青春。”熊岩涛说道。从歌词到旋律,从脚本撰写到现场拍摄,两个月紧张的时间里他熬了许多夜,请教了许多人,庆幸的是,影片最后达到了预期的效果。

“看完差点泪崩了,五年前的毕业场景像放电影一样在脑海里飘荡,祝陶大越办越好!”……毕业MV也引起了许多校友的共鸣,纷纷在微信留言诉说对母校的怀恋,有的校友甚至还在微信后台留言,想得到高清原版视频收藏。

该视频在走红网络后,也引起了许多媒体的关注,中国新闻网、凤凰网、江西网络广播电台等媒体纷纷报道了此事。

## 不忘初心,弘扬青春正能量

不仅是这两部视频,熊岩涛也创作了许多其他的“网络热文”。2016年毕业季拍摄了一部毕业MV和毕业生访谈,2017年新生入学,研二的他参加了一次“军训”,把新生军训过程记录了下来,制作成MV。每逢学校的开学、运动会和其他重大活动时,他都会拍摄一些引导性强,有青春正能量的短片和微信图文,通过学校的微信公众平台发布,在师生校友的朋友圈中传播,他在学校创作的视频播放总数达30余万次。他巧妙的构思与独特的镜头感也引起了许多人的关注,今年暑假,他帮助景德镇市昌江区委组织部拍摄的MV也在网络广泛传播,被“中国组织人事报”微信平台、“江西省委组织部”微信平台和许多地市组织部微信平台转发,综合播放量超过十万。

他同时也是学校的“学生记者”,积极撰写各类“接地气”的大学生新闻,在《中国青年报》《江西日报》《瓷都晚报》等各类媒体发表新闻稿件百余篇。他创立并运营了三年的“景德镇陶瓷大学记者团”微信公众平台已然成为该校影响力最大的微信公众号,多次在全国校媒影响力排行榜中名列前五,他在去年接手指导的“陶大青年”微信公众号也推送过多次过万的图文,在校内外产生一定影响。通过“网络”这个平台,他的才华得以施展,得到了各界的认可,他高票当选中国(江西)高校传媒联盟常务副主席,被选举为景德镇陶瓷大学首位团委学生副书记,被团省委推荐至省委统战部实习,获得首届全省高校网络宣传思想教育优秀作品奖,被授予

“赣南青年传播大使”称号，2016 年 11 月，他作为中国大学生代表，随中国青年代表团赴越南参加第三届中越青年大联欢活动。

“什么是初心？我做这些不图名利，就是热爱，就是喜欢校园。我要将这些故事，这些美景，这些青春记录下来，传播出去。”熊岩涛深情地说。

弘扬主旋律、传播正能量，熊岩涛用他独特的青春视角，用他长期孜孜不倦的努力，用他的笔尖和镜头凝聚着、鼓舞着、引领着身边的大学生们。

（文/何定坤）

## 习近平寄语青年

青年朋友们，人的一生只有一次青春。现在，青春是用来奋斗的；将来，青春是用来回忆的。……只有进行了激情奋斗的青春，只有进行了顽强拼搏的青春，只有为人民作出了奉献的青春，才会留下充实、温暖、持久、无悔的青春回忆。

——2013 年 5 月 4 日，习近平同各界优秀青年代表座谈时的讲话

五四运动以来，在中国共产党领导下，一代又一代有志青年“以青春之我，创建青春之家庭，青春之国家，青春之民族，青春之人类，青春之地球，青春之宇宙”，在救亡图存、振兴中华的历史洪流中谱写了一曲曲感天动地的青春乐章。

——2014 年 5 月 4 日，习近平在北京大学师生座谈会上的讲话

当代中国青年要自觉按照党和人民的要求锤炼自己、提高自己，做到志存高远、德才并重、情理兼修、勇于开拓，在火热的青春中放飞人生梦想，在拼搏的青春中成就事业华章。

——2015 年 7 月 24 日，习近平在给中华全国青年联合会第十二届委员会全体会议、中华全国学生联合会第二十六次代表大会开幕的贺信

要敢于做先锋，而不做过客、当看客，让创新成为青春远航的动力，让创业成为青春搏击的能量，让青春年华在为国家、为人民的奉献中焕发出绚丽光彩。

——2016 年 4 月 26 日，习近平在知识分子、劳动模范、青年代表座谈会上的讲话

# 独具匠心，校运会奖牌设计竟出自他手！

在前不久闭幕的校第四十一届运动会中，以陶瓷材料制成的奖牌受到了运动员的青睐。会后，记者探访了2016年和2017年运动会奖牌的设计者丁立，了解了一段不为人知的奖牌设计之路。

"最难的不是一遍一遍地修改方案，而是确定方向后如何做出特色，体现出代表性。"丁立告诉记者，2016年暑假期间，经过搜集、参考各方面设计素材，寻找了各式各样的奖牌设计方案，最后发现2008年北京奥运会的"金镶玉"奖牌最适合参考，脑海中的第一反应就联想到了景德镇瓷器的特点"白如玉，明如镜，薄如纸，声如磬"，这一灵感成为整个设计的出发点。

金镶瓷不仅延续了金镶玉的美好寓意，还充分体现了景德镇的传统文化特色。奖牌的主题选用景德镇代表性的青花瓷圆环，表面装饰龙腾图案，在体现陶瓷文化的同时也体现了源远流长的华夏文明。奖牌的中心是这个设计的亮点，运用了景德镇四大名瓷之一的玲珑瓷的制作工艺，表面贴上景德镇陶瓷大学的校徽和校训，使得奖牌通透明亮。校训的加入是为了对学校每一位陶大人的警示、鞭策和激励。它同时也代表了学校的治学氛围、大师智慧和国内外对陶大人诚实朴素、宽以待人、坚毅果敢、勇于担当的评价和印象。这不仅体现了工艺美，更是体现了景德镇陶瓷大学"诚朴恕毅"的办学理念。

为了更契合运动会主题，丁立在老师的建议下对奖牌进行了修改。他将原有的玲珑瓷制作工艺改为釉上贴花制作工艺。数字用橘色、蓝色和紫色几种颜色搭配，象征着活力青春、朝气蓬勃的运动员。今年，组委会依旧沿用了去年的设计风格。奖牌正面的设计依旧采用将数字拟人化的方式。

“我今年已经大三了，每年运动会都会积极参加并有幸拿到奖牌。相对于这三年的奖牌，我更喜欢去年和今年的奖牌，因为它们都运用陶瓷作为奖牌的材质，设计的图案融入了青花瓷的元素，十分美观，具有很高的收藏价值。”2015 级财务管理专业的谭克刚笑着对记者说。

**个人简介：**丁立，男，设计艺术学院 2014 级视觉传达专业学生，中共党员，中国大学生骨干培养学校第十期学员。任景德镇陶瓷大学校学生会主席、2014 级视传专业大班长。历任设院学生会体育部干事、团工委组织部干事、设院学生会体育部部长等职，多次获得国家励志奖学金、校级一等奖学金和二等奖学金，先后荣获全校“优秀共青团干部”“三好学生”“优秀学生干部”“大学生暑期‘三下乡’社会实践活动先进个人”等荣誉称号，获首届江西省“互联网 +”大学生创新创业大赛三等奖、“百事营销亚军”“图书馆 LOGO”设计大赛优秀奖、景德镇陶瓷大学第四十届校运会奖牌设计一等奖。2016 年 11 月，其作品《消防与生命》获得台湾国立屏东大学参展证书。

（文/陈春雨）

# 不忘初心跟党走

## ——记全校优秀学生共产党员俞智威

6月29日,景德镇陶瓷大学庆祝中国共产党成立97周年暨“创先争优”表彰大会在国际学术报告厅召开。校学生会副主席、管理与经济学院2015级公共事业管理专业俞智威荣获“优秀学生共产党员”称号,这是全校唯一获此殊荣的本科生党员。

### 他有一颗向党的红心

出生在英雄城南昌,父母都是党员,在耳濡目染的革命传统教育下,俞智威自小就对红色文化有着浓厚的兴趣。他说:“江西是一块红色的革命热土,为中国革命做出了重大贡献、付出了巨大牺牲。想想那长眠于红土的26万名革命英烈,就像一种精神力量从我内心里激发出爱党爱祖国的情怀。”中学时,俞智威从历史课、政治课上,学习到中国共产党90多年的光辉历程和马克思主义的科学世界观与方法论,自身的思想境界逐步提升,并立志要加入中国共产党。

2015年9月,初踏大学校园的俞智威,身上便带着一股来自江西红土地的精气神。他首先向党组织庄严地递交了入党申请书并积极向党组织靠拢，不折不扣地完成组织分配的各项任务，自觉接受党组织的考验。2017 年 5 月，俞智威成为党组织在 2015 级公共事业管理专业发展的第一名共产党员。在他的入党志愿书中“入党志愿”一栏里清晰地写着这么一句话：“我是成长在红色江西的当代大学生，井冈山是我向往的革命圣地，方志敏是我崇敬的革命先辈。”红色基因流淌在他的血脉中，激励着他不断开拓进取。

在平时生活中，俞智威爱读新闻、党史党建读物和马列主义经典著作，将理论知识记于心、化于行，为今后成为一名优秀的学生共产党员奠定牢固的思想基础。掌握丰富党史党建知识的他作为主力选手，代表学校获得了 2016 年、2018 年两届全省大学生党的基本知识电视竞答赛二等奖。

“永远跟党走”是俞智威的入党初心。政治素质过硬的他，经常通过写文章，讴歌党的丰功伟绩，抒发自己对党的忠诚和热爱。2016 年 12 月，他撰写的文章《始终和你在一起》获全省大学生党员“两学一做”千字征文比赛二等奖。2017 年 7 月时值中国共产党建党 96 周年，俞智威怀着对党 96 年来砥砺前行所铸就的壮丽史诗的崇高敬意，将自己作为学生党员的心得体会，撰写成文章《在党旗下绽放青春光芒》，并被中共江西省委组织部选中，在微信公众号“江西党建微平台”全文刊登。

## 他是一名孜孜不倦的党的理论传播者

“在党就要言党。”这是俞智威经常说的一句话。在党的十九大闭幕不久，学校迅速成立了由学生干部、理论学习骨干和青年榜样组成的十九大精神学生宣讲团，在学校的层层遴选下，俞智威成为学生宣讲团中的一员。

为了讲好每一堂课，俞智威认真研读十九大报告和《习近平谈治国理政》，广泛查阅资料，精心准备讲稿和课件，并结合时政对宣讲内容进行补充。他经常和宣讲团成员一起到校内各个班级团支部和学生组织开展理论宣讲，以习总书记青年成长的故事激励在场的团员青年，用科学的分析方法解读习近平新时代中国特色社会主义思想的“八个明确”“十四个坚持”。

除了在校内宣讲，俞智威还和其他宣讲团成员组成小分队，深入校外社区、农村，向广大基层群众宣传党的新思想和好政策。今年寒假，俞智威利用假期时间，在家乡为当地群众宣讲十九大报告中有关乡村振兴战略的内容,增强他们对农村未来发展的信心。这场既接天线又接地气的宣讲获得了当地群众的一致好评和当地镇党委、镇政府的书面表扬。

半年来,他和其他宣讲团成员一道,累计开展宣讲活动 100 余场,在校内外引起了较大反响,深受同学们和广大群众欢迎,新华社、中新网、江西卫视等媒体予以关注报道。今年五四前夕,宣讲团成员还收到了省委常委、时任省委宣传部部长赵力平给他们的回信勉励。俞智威说:"作为一名共产党员,就要将党的好声音传播得越远越广。"

## 他有一份对工作的执着

俞智威是校学生会分管宣传舆论工作的副主席,在担任副主席的近一年时间里,他全身心地投入到校学生会的工作中。宣传阵地建设是校园媒体建设的重点,他在工作中充分认识到了网络新媒体的重要性,不断加强校学生会网络阵地建设,同时运用新媒体开展网上思想教育,将学校的最新资讯和学生的思想动态及时有效地传播到陶大学子中。在对待新闻宣传工作时,俞智威显得格外执着、专注,有时候遇到时间紧迫、内容重要的稿件,尤其是遇到大型活动的新闻报道,为了确保新闻的实效性和稿件质量,他总是亲力亲为,勇挑重担,通宵撰稿到凌晨一两点是常有的事。同时,由他撰写的新闻稿件也多次被中国新闻网、中国青年网、中国江西网、《景德镇日报》等新闻媒体采用。

在俞智威和校学生会其他学生干部的共同努力下,校学生会凝聚全校青年的能力水平逐步提升，校学生会官方微信公众号多次在全省高校学生会组织排行榜中名列前茅，被校团委评选为“2017年度共青团宣传工作‘先进媒体平台’”。

虽然自己是校学生会副主席，但他从未将自己的位置摆在高处。他作为支部党务秘书，经常联系支部所管专业的学生，坚持为有意愿入党的同学和低年级学生进行政治辅导，帮助他们端正入党动机。他说：“我希望能帮助有入党意向的同学把好思想‘总开关’，让他们认识到入党是一件光荣而严肃的事情。”

学生会和学生党建工作占用了俞智威一定的学习时间，但这丝毫没有影响他的课业成绩。自大一以来，他先后获得校级一等奖学金一次、二等奖学金两次、三等奖学金一次，获“全校三好学生”荣誉称号。同时他在学业上还表现出较强的学术研究能力，多次参加由学校青年教师主持的研究课题，撰写学术性论文一篇。

“我将倍加珍惜学校党委授予我的这份荣誉，在今后的学习工作中，常怀感恩之心、奋斗之志，以实际行动继续为党旗添彩。”俞智威说道。

（文/赖中富）

## 习近平寄语青年

梦在前方，路在脚下。自胜者强，自强者胜。实现我们的发展目标，需要广大青年锲而不舍、驰而不息的奋斗。

——2013年5月4日，习近平在同各界优秀青年代表座谈时的讲话

为实现中华民族伟大复兴的中国梦而奋斗，是中国青年运动的时代主题。……为每个青少年播种梦想、点燃梦想，让更多青少年敢于有梦、勇于追梦、勤于圆梦，让每个青少年都为实现中国梦增添强大青春能量。

——2013年5月4日，习近平在同各界优秀青年代表座谈时的讲话

广大青年要勇敢肩负起时代赋予的重任，志存高远，脚踏实地，努力在实现中华民族伟大复兴的中国梦的生动实践中放飞青春梦想。

——2013年5月4日，习近平在同各界优秀青年代表座谈时的讲话

# 特殊的毕业照:一个人一个班

“我是今年信息与计算科学专业唯一的毕业生,专业大合照是属于我一个人和老师们的合照,挺酷的!”信息工程学院2014级信息与计算科学1班学生魏欣在拍完毕业照后笑着说道。

6月2日,魏欣拍完了这张特殊的毕业照:在一排老师中,身着2018年毕业文化衫的魏欣和老师们坐在同一排,脸上绽开笑颜,快门定格下这一瞬间。

魏欣是一名退伍的川藏线汽车兵。入伍前是我校2012级信息与计算科学专业的学生,他于2014年9月入伍,2016年9月退伍复学。魏欣原本应插入2014级信息与计算科学专业班级,却恰逢学校已对该专业实施动态调整,当年停招新生。学校最终做出决定,为魏欣单独编设2014级信息与计算科学1班,形成了陶大的独特“风景”——“一个人一个班”。两年后的今天,魏欣成为2018届信息与计算科学专业唯一的毕业生。

“虽然返校后发现自己没有了同专业的同学，但是从来没有因为选择当兵而后悔。”魏欣笑着说道。2014 年 9 月，魏欣为了磨砺自己选择了入伍，在成都军区（后属西部战区）经过三个月新兵营训练，三个月的技能培训，成为一名川藏线汽车兵。

对于川藏线，在很多人心中留下的或许是那惊心动魄的美景，但除了美景，留给魏欣更多的是同战友一起翻越雪山，运送物资进藏，那挥之不去的记忆。“第一次上高原的情形我还一直记忆犹新，当时既紧张又激动。”魏欣咧开嘴笑着说道。川藏线平均海拔 4000 余米，总长约 3000 公里，路况复杂，在进藏运输任务中，车队几乎每趟都会经历雪崩、泥石流、塌方或飞石等险情，每次的运输任务折射出的是汽车兵与川藏线的生死情谊。

“每天 8 点钟登车出发，上午行驶 4 个小时，每隔一个半小时停车休息，下午也重复着和上午一样的任务安排，每次的运输任务往返时间长达 20 至 30 天；在运输途中要不断地排查车辆故障，暴风雪天气，路面结冰，更要时不时停车，给车辆加挂防滑链条；车子陷进冰坑、泥坑、雪坑、水坑、沙坑，这是经常的事；在翻越海拔 4728 米的色季拉山时，车队经常突遇强暴风雪，路面结冰可达 20 余公里、积雪厚度可达 30 厘米，车轮打滑时有发生……”魏欣细细回忆着。在平凡的岗位上，魏欣作为一

名汽车兵默默奉献着自己就是一种“不平凡”。

2016 年 9 月，魏欣退伍复学。信息与计算科学专业的停招，让原本该继续进行第三个学年学习的魏欣犯了难。“当时已经决定好了转专业，去教务处审批时，教务处负责人认为转专业并非最佳选择。在征求我同意的情况下，学校决定为我单独编设专业班级，并单独为我开设课程。”魏欣说。

信息工程学院副院长李慧颖负责当时魏欣复学后的课程安排。他表示：“魏欣去参军报效祖国后回‘家’，我们不能让他在学业上有不便。转专业的话相当于他需要重新花两年不到的时间修满课时，在课程安排上，难免会有冲突。信息专业主修数学和计算机，有些课程与其他专业相同则安排他跟班学习，这样可以让魏欣融入集体，有学习的氛围；但在专业课程的学习上，则为他单独安排老师一对一教授。”

“退伍复学的第一节课，上下课铃声真是让人怀念。”回学校上完第一节课《陶瓷概论》后，魏欣发了这样一条朋友圈。

在学校的安排下，魏欣逐渐适应了复学后的生活。“学校单独为我成立班级、开设课程让我很感动，教我的老师们都很认真负责。很多课都是在 B2 的教师办公室上的，老师一对一给我讲课，一开始觉得挺奇怪的，后来渐渐习惯了，多了很多和老师交流沟通的机会。”魏欣笑着说道。

信息工程学院辅导员余姗姗一直关注着魏欣的成长。她说：“魏欣性格开朗，对待学习态度认真，自主性和独立性都很强。复学后，他所有的手续都是自己主动去办理的。”

怀着对数学的热爱，也为了提升自己，魏欣决定报考统计学专业的硕士研究生。“我们学校正好有统计学的研究生专业，当时就决定报考本校了，更多的也是一种对母校的感情。”2017 年的暑假，魏欣留校备考，报了考研班，开始了考研之路。“考研初试在 12 月份，自己学习的时间不多了，因此回家几天后就赶回学校了。”经过了研究生初试、复试，魏欣成功考上我校统计学专业的硕士研究生。

虽然魏欣已经退伍，但是军人退伍不褪色，他始终坚守着一份忠诚与责任。或许是军队生活的历练，让魏欣更明确自己要什么，自己需要为之做哪些努力，从而脚踏实地走好每一步路。“学校为我提供了学习机会，也见证了我的成长。”魏欣对学校充满感情，“期待着在景德镇陶瓷大学接下来研究生的学习！”

（文/张淑娴）

# 陶大研究生曾令怡考取耶鲁大学攻读博士学位

我校欧阳世彬教授指导的2010级考古及博物馆学专业研究生曾令怡,经个人申请、导师推荐、托福考试、面试等环节,考取美国耶鲁大学人类学博士研究生。2013年8月,曾令怡同学将赴耶鲁大学攻读博士学位。

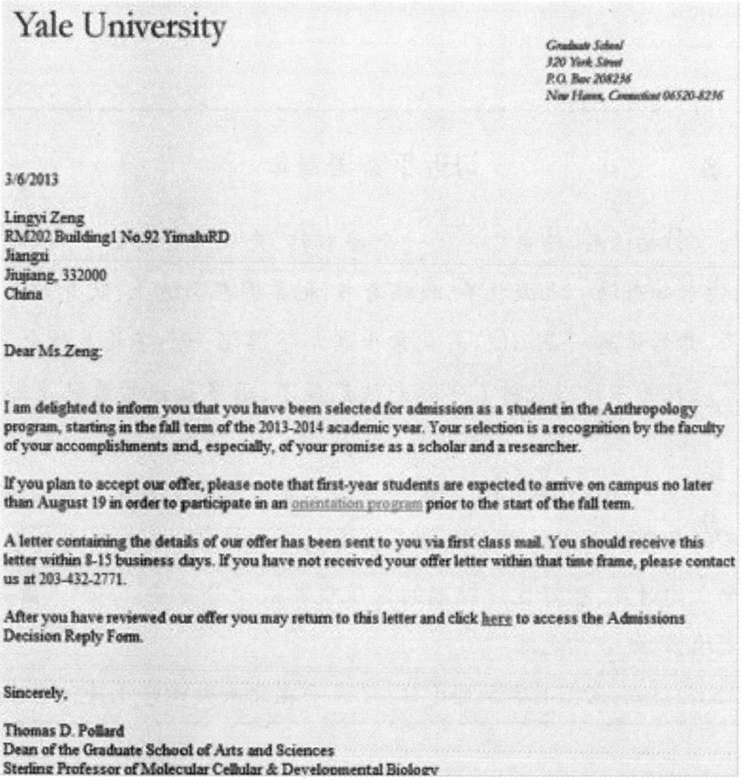

Yale University

*Graduate School*
*320 York Street*
*P.O. Box 208236*
*New Haven, Connecticut 06520-8236*

3/6/2013

Lingyi Zeng
RM202 Building1 No.92 YimaluRD
Jiangxi
Jiujiang, 332000
China

Dear Ms.Zeng:

I am delighted to inform you that you have been selected for admission as a student in the Anthropology program, starting in the fall term of the 2013-2014 academic year. Your selection is a recognition by the faculty of your accomplishments and, especially, of your promise as a scholar and a researcher.

If you plan to accept our offer, please note that first-year students are expected to arrive on campus no later than August 19 in order to participate in an orientation program prior to the start of the fall term.

A letter containing the details of our offer has been sent to you via first class mail. You should receive this letter within 8-15 business days. If you have not received your offer letter within that time frame, please contact us at 203-432-2771.

After you have reviewed our offer you may return to this letter and click here to access the Admissions Decision Reply Form.

Sincerely,

Thomas D. Pollard
Dean of the Graduate School of Arts and Sciences
Sterling Professor of Molecular Cellular & Developmental Biology

曾令怡2006年考入北京大学读法学专业,2010年考取我校研究生。读研期间,她勤于学业,曾到多处古窑址遗迹进行考古调查实践,参与上海国际元青花学术研讨会、景德镇御窑国际会议、国际古陶瓷科技年会等学术会议及讲座,2011年,获得我校研究生特等奖学金。此外,她还发表了《景德镇市湘湖镇陶瓷学院西侧窑址调查简报》《浮梁瓷局大使和督陶官》等学术论文。除了重视专业学习,她还十分重视外语能力的提升。读研期间,她获得了英语高级口译证书,并顺利通过了托福和美国研究生入学考试(GRE)。

**耶鲁大学简介:**耶鲁大学(Yale University)是一所坐落于康涅狄格州纽黑文市的私立大学,始创于1701年,为美国常春藤联盟(The Ivy League)的成员之一。耶鲁大学教授阵容、学术创新、课程设置和场馆设施等方面堪称一流,是世界最著名大学之一,素有"美国总统摇篮"之称。

(文/余少奇)

## 习近平寄语青年

我到农村插队后,给自己定了一个座右铭,先从修身开始。一物不知,深以为耻,便求知若渴。上山放羊,我揣着书,把羊圈在山坡上,就开始看书。锄地到田头,开始休息一会儿时,我就拿出新华字典记一个字的多种含义,一点一滴积累。我并不觉得农村7年时光被荒废了,很多知识的基础是那时候打下来的。

——2013年5月,习近平五四青年节参加主题团日活动时的讲话

青年的价值取向决定了未来整个社会的价值取向,而青年又处在价值观形成和确立的时期,抓好这一时期的价值观养成十分重要。……"凿井者,起于三寸之坎,以就万仞之深。"

——2014年5月4日,习近平在北京大学师生座谈会上的讲话

# 刘苏玲：所有跋涉，都是为了抵达

景德镇陶瓷大学外国语学院英语(1)班：刘苏玲，第2届外国语学院学生党支部党员服务站副站长。

在学习上，她深深地明白学习的重要性，尽管工作上的事务很多，但是她都是尽量做到学习、工作两不误，在要求五十分钟课堂效果的同时，高效率高质量地完成各科的课内学习任务，并经常到图书馆充实一些课外知识，也因此成绩一直名列前茅，连续两年获得班级综合测评总分第一。在入校的两学年当中，她连续获得了4次一等奖学金、1次国家励志奖学金；连续两次获得校“三好学生”的荣誉称号。同时，她先后一次性通过考试获得大学英语四级考试证书、大学英语六级考试证书以及英语专业四级考试证书。此外，为拓展知识面，她还积极参与学术创新活动，曾代表学校赴南昌参加2017年全国大学生英语竞赛B类决赛；获得2016年“外研社杯”全国阅读大赛初赛三等奖、2017年“外研社杯”全国阅读大赛初赛三等奖和2017年“外研社杯”全国写作大赛初赛二等奖；2016—2017学年参加创新创业项目并顺利结题；现仍跟着大一的综英老师致力于国家级的一个创新创业项目。她一直都在尽力处理好学习与工作的繁忙任务，学会并且懂得在学习效率和方法上下功夫，最难能可贵的是，她觉得自己还能够帮助并引导其他同学积极投入到学习中去，为班级的发展做出贡献。

在工作上，她现担任景德镇陶瓷大学第 2 届外国语学院学生党支部党员服务站副站长一职。在学生干部工作岗位上，她始终秉承“急老师之所急，想同学之所想”的工作目标服务支部成员。大三担任外国语学院学生党支部党员服务站副站长一职，稳重干练的工作作风一直都能体现在她的每项工作中。做到按时保质保量推送每一篇微信，准确无误下达每一则通知，组织好每一次支部活动，为支部建设贡献自己最大的努力，积极宣传党的思想理念，鼓励同学们加入党组织。在班级以班级带头人严格要求自己，服务同学，在学校以学生干部代表致力于服务师生的各项工作，受到广泛好评。

在生活上，她有乐观、勤俭节约的生活态度，诚实守信，团结同学，乐于助人，生活朴素，严于律己，有广泛的群众基础。大学以来，她利用每个寒暑假的时间在外兼职以挣取自己的生活费用，减轻家里的经济负担，并于 2017 年暑假在上海爱贝国际少儿英语（亚繁亚乐城校区）担任中教老师一职，获得了校长和外教老师的一致好评，因此拿到了人生中的第一份实习证明。同时，她在校还利用空闲时间通过做家教来补贴生活费用，现基本上能自理生活费，大三的学费也是自己挣取的。兼职不仅让她体会到了挣钱的辛苦，还让她感受到了自力更生的喜悦，同时也丰富了她的人生阅历，让她在以后踏出校园时不至于那么的手足无措。我们应该学习她敢于拼搏、勤奋努力的精神，在大学生活中留下属于自己的精彩回忆。

（文/江璟玉）

## 习近平寄语青年

自己在青少年时代也非常喜欢阅读中华文化典籍，坚持一点一滴学。直到现在，一有空就会拿起一本翻一翻，每次都觉得开卷有益。中华文化源远流长、博大精深，如同一座宝藏，一旦探秘其中，就会终生受用。我们要取其精华、去其糟粕，赋予中华传统文化以新的时代内涵，使之成为我们的精神追求和行为准则。

——2014 年 12 月 20 日，习近平考察澳门大学横琴新校区时的讲话

# 第三篇　求真

广大青年要求真学问、练真本领，通过学习知识，掌握事物发展规律，通晓天下道理，丰富学识，增长见识，更好为国争光、为民造福。

——2018年5月2日，习近平总书记考察北京大学

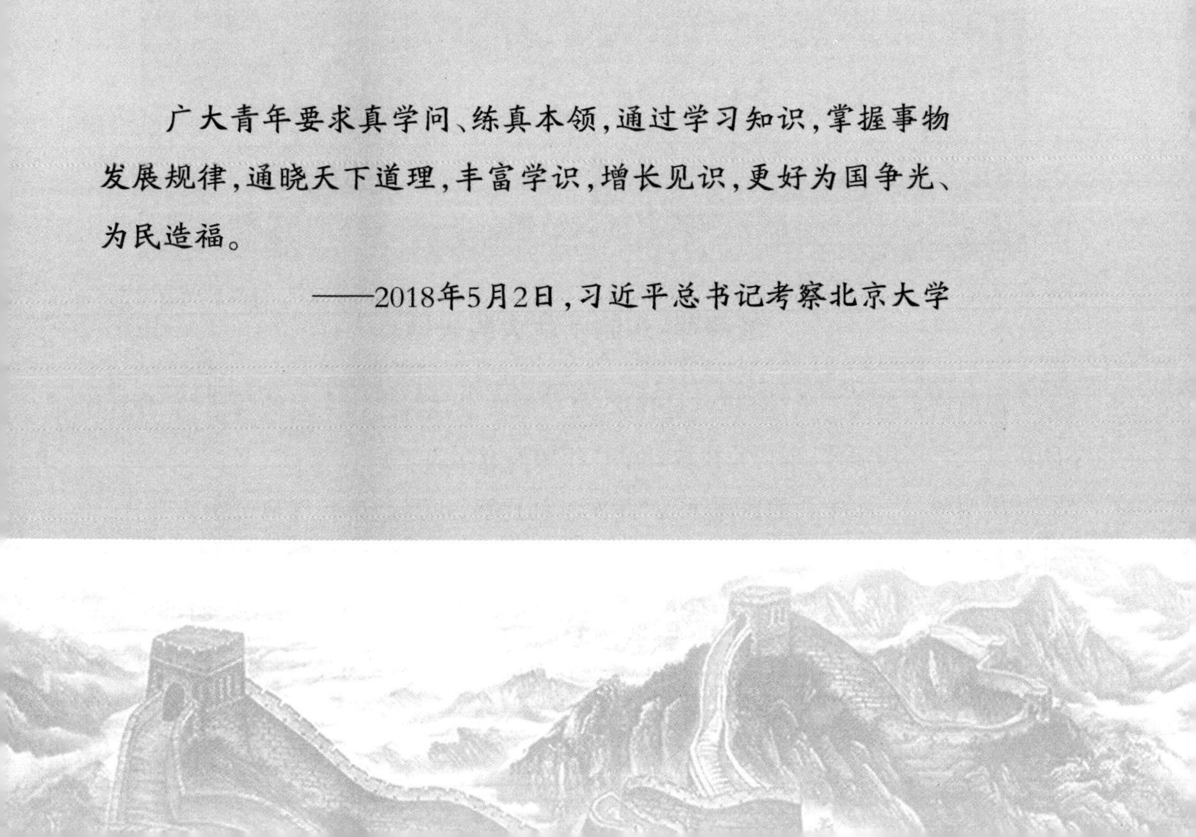

# “互联网 +”成就梦想　创新创业开辟未来

**编者按:**首届中国“互联网 +”大学生创新创业大赛总决赛 10 月 19 日至 21 日在吉林长春举行。我校选派的参赛项目“指尖上的陶艺”从全国 300 支决赛项目中脱颖而出,荣得金奖,并荣获全国唯一的最佳创意奖。记者采访了唐丽萍、高维、马力、黄万云、邹涛 5 位团队成员。

## 唐丽萍:想到了就大胆去做

面前这个身高 1 米 68,体重只有 45 公斤的女生,就是“指尖上的陶艺”创业团队负责人之一唐丽萍,现为我校统计学二年级研究生。

唐丽萍是土生土长的景德镇人,此次参加比赛,也是她第一次离开南方北上,她笑着说:“第一次去北方不太适应,我们的队员和导师,所有的人嘴唇都有不同程度的干裂。”为了这次比赛,本来才 94 斤的她又瘦了 4 斤,连续十几个小时的熬夜已成为常态。作为项目负责人,项目计划书的撰写以及 PPT 的制作是整个团队的重中之重，这也是最消耗精力的，一份计划书，一份 PPT，都要经过反复推敲，以求达到最满意的效果，甚至服装礼仪这些小细节，都要拿捏到位。同在创业团队的马力是唐丽萍的爱人，他说，唐丽萍是一个喜欢按部就班，能沉住气，认真负责的人，我们都开玩笑说她是“勤俭持家的项目负责人”。

2009 年，唐丽萍从九江学院毕业，2012 年，她考入我校的统计学专业。2010 年，唐丽萍通过中瓷商城学校公开招聘，进入到江西省陶瓷企业信息化工程技术研究中心，结识了导师章义来，并负责网站测试和平台推广等工作。到了 2011 年，她开始做中瓷商城的项目，2013 年投身陶瓷云设计平台，专门对陶瓷素材的来源和渠道进行拓宽整合，所以对于今年 8 月份参加的“互联网 +”比赛，可以说也是一个留给有准备的人的契机。通过此次比赛，唐丽萍也是想把自己的专业与比赛相融合，通过收集数据，分析用户心理，将统计学的理论知识应用于实际操作。

在紧张的比赛中，如何准确、清晰、快速、深入人心地向专家评委表达，应对提问，在登台和其他对手 PK 的那一刻显得无比重要，而这个担任讲解角色的人，无疑是个重头戏。由于唐丽萍负责项目计划书的撰写，参与了 PPT 的制作，并熟悉整个团队的流程，一开始，负责讲解的是唐丽萍。尽管在校赛答辩中他们通过了审核，然而细心的唐丽萍却发现另一成员高维更能担此大任。高维曾在校广播站工作，个人的演讲能力、渲染能力比较强，表情、措辞等都比较到位，于是唐丽萍决定发挥队友高维的优势，为整个团队达到最好的合作效果。

在参赛过程中，唐丽萍接触并认识了来自各大高校的学生，看到了其他高校的学生做的东西，认识到了自身发展的局限性，而要打破这种局限，就需要多交流、竞争。目前她正在准备毕业论文，并希望以后能够更加优秀，以实践组再次参加比赛。唐丽萍说：“通过这次比赛，我最大的收获就是在撰写策划书的过程中锻炼了思维和写作能力，见识到更优秀的同龄人。这次比赛对自己的专业学习有很大帮助。希望现在的年轻人有更多自己的想法，想到了就大胆做，这才是青春本来的使命。”

## 高维：我和副总理合了张影

比普通大学生多了几年工作阅历的高维，面对很多事都有了自己的想法和认知,但能够和国家领导人一起合影,也让他颇感意外。高维有些激动地说:“获奖团队代表都能够有和刘延东副总理合影留念的机会,她当时就是在会场的里面等着,还记得从会场外面传来迎接刘延东副总理的欢呼声时,内心十分激动和兴奋。”高维是我校2014级统计学研究生,也是首届中国“互联网+”大学生创新大赛金奖和最佳创意奖获奖团队成员。

“指尖上的陶艺”团队成员原本就感情很好,高维主要是负责演说部分。在比赛的时候他给自己定下的最低线就是不能忘词。其他成员对他的要求也越来越高,从刚开始觉得怎么样都好,到最后几乎任何一场演说都能够提出意见,这也促使高维不断地完善自己的演说,不断地融入到整个设计中。

“我从来没有想到我们能够进入决赛。”高维有些不好意思地说。首届中国“互联网+”大学生创新大赛要经过校赛、省赛,然后才是国赛,参与学生超过20余万。他们团队就是这样经过激烈角逐,从众多队伍中脱颖而出。当问到他们团队有没有什么战胜紧张的方法时,他用网球比赛来做形象的比喻:“从不看下一轮签到表。”从不关心下一场场次,而是把握住每一场进行时,或许正是他们那种以平常心来对待每一场比赛,才让他们一步步地走到了最后。

省赛的时候,是要经过江西电视台转播的,他们队伍在第四个出场,比赛时前三支队伍刚演说完,屏幕却出了点问题,导致他们一直在旁边等着,这给当时的他们造成了很大的心理负担,而演说是由高维负责的,肩上的担子自然是最重的,但平时充分的训练、认真的准备使得他很好地完成了解说。

国赛的时候,两次抽签,都令人出乎意料,两次都是第一支上场队伍。第一支出场队伍有好处也有坏处,一方面能够一比完就马上休息,另一方面则是会特别紧张。至今高维仍有些后怕,在比赛的时候,为了能够让评委和观众更好地了解,所以在台上负责演说的成员要根据大家的反应灵敏地做出调整。高维说,这次比赛经历了这么长的时间,每当他们以为结束了,可以放松了的时候,会发现又要进行下一轮的备战了,然后循环往复,一直处于放松、紧张的过程。不愿浪费时间,不愿浪费光阴,希望能够在有限的学习生活里,做些有意义的事,这就是高维的最好写照吧。

## 马力:甘愿做团队背后的“绿叶”

他爱看书,在政治、经济、文学、技术等方面都有所涉猎。资深媒体人罗振宇主持的《罗辑思维》节目,每一期都会介绍各类书籍,从2012年底此节目开播以来,马力一直乐此不疲地“追”着这档节目。知识的积累不是一朝一夕的事,除了看各类书籍,积累了大量书上理论,他还爱周游各地,体会不同的风土人情,增加自己的阅历。大概因为博览群书,游历各地,又或者是他天生乐观的性格,他对待生活里遇到的事总能处之泰然。他就是我校获得“互联网+”金奖的“指尖上的陶艺”创作团队的一员马力。

2008年,计算机专业的马力从景德镇陶瓷学院科技艺术学院毕业,在景德镇没有找到合适的工作。他在广州麦当劳当过见习经理,在江西移动公司工作过一年,又在江西省陶瓷企业信息化工程技术研究中心工作了三年,在外闯荡了四年,生活虽然趋于安定,但他并不满足于此。为了更充实自己,2014年,他考上了我校统计学研究生。现在的马力一边读书,一边工作,作为一名研究生的他每天都有早课,而因为家在新厂,他每天6点起床,坐半个多小时的校车来湘湖校区上课,同时他还在研究中心上班,每天都有定期的工作任务要完成。当我们问及他一边工作一边读书累不累时,他说:“其实现在毕业之后出去工作大部分都是过着朝九晚五的生活,没有很轻松的工作,所以我很能理解我现在的生活,也能适应。只是当工作了这么多年后,又重新拿起课本,扮演一个学生的角色有点困难,不过这些都是生活的常态。”

“机会是留给有准备的人的。”马力在职场奋斗几年,荒置学业之后能在短时间内如愿考上研究生,与他平时爱积累知识的习惯是分不开的。本科计算机专业、研究生统计学专业,加上马力对手机APP开发的热爱,他加入到了“指尖上的陶艺”创作团队中,担任技术研发主管。他要时常坐在电脑面前,敲敲代码,编编程序,工作非常枯燥而且劳累,但他从未说过一句怨言,遇到问题也总能自己解决。他说:“在互联网时代,有很多不懂的都可以在网上查到,获取知识零成本。”自工作以来,他逐渐专注于看技术方面的书,也时常关注国内外关于技术方面的新闻,总是一看就看到半夜。这次,他把参与“指尖上的陶艺”创作当作是工作一样认真对待,所以其中的忙碌、劳累在他眼里都算不上什么。

在参赛期间,马力最放心不下的事,就是他刚刚3岁的女儿,因为他的妻子也在这个创作团队中,两个人都没有时间去照顾女儿,只能交给奶奶带,在他们去吉林长春比赛的时候,他每天都坚持给女儿打一个电话,询问她一天的生活。问及参赛中的其他困难,他笑笑说:"既然把这个项目推上去了,那就不能后退,只管大步向前走,无论遇见什么困难,相信总能找到解决的办法!对于准备充足的人来说,机会来了,一切都是水到渠成的。"马力乐观的心态也感染着团队里的成员。

## 黄万云:做销售也是种享受

黄万云,我校2014级统计学研究生,是获得首届中国"互联网+"大学生创新创业大赛金奖的"指尖上的陶艺"创业团队负责人之一。很难想象,言谈举止温和文雅的她已经是一个一岁半孩子的母亲。

黄万云爱好比较广,喜欢体育运动,喜欢唱歌、书法,喜欢处理订单,喜欢接触客户,喜欢挑战困难。2012年,本科读信息管理专业的黄万云从陶院毕业,偶然的机会,本科在校期间她就加入了这个创业团队。毕业之后她选择工作,从事电商推广运营,与互联网联系紧密。三年的工作经验和一直以来在陶瓷店兼职得到的客户需求信息给她此次全国"互联网+"比赛带来了很大的帮助。因此,依靠专业的优势和工作的经验,在此次比赛中,她主要负责市场方面。

谈及她的工作时,她说:"机会往往留给有准备的人,赛场发挥正常水平即可。"在整个比赛中,财务销售是一大难点,无论是初期预算还是后面实践都是他们的薄弱环节,知道弱点然后向指导老师请教并由精通财务的专业老师进行针对性指导,然后内部根据自己项目的实际情况进行调整,从而得到改善。负责市场销售的她,时刻都会备着一本厚厚的写满数据的本子,黄万云坦言,数据实在是太多了,没办法全部记住,只好记在本子上随时翻阅。

这段时间里,最让黄万云记挂的就是她一岁半的孩子。在省内时,想孩子的时候,她还可以挤时间去看一下。国赛的时候,她连打电话的时间都没有。"一岁半的孩子,正是黏人的年纪,太久没看到妈妈了会不会疏远你呢?"她笑道:"没有呢。我家小孩不一样,越久没见越黏我。"黄万云讲到这的时候,眼神里透露出作为一名母亲的幸福。刚开始家人不理解,会抱怨孩子找妈妈找不到,讲到这里时,她有些失落地说:“我在孩子到处找妈妈的时候,也特别想待在他身边。”后来家人看到她的努力,态度慢慢有了转变。黄万云很感谢她的丈夫,她的丈夫从一开始就非常支持她的工作,在生活上很照顾她。她非常感谢丈夫和家人的支持。

通过参加这次比赛,黄万云说,自己获得的不仅仅是荣誉,她还收获了一段曾经那么努力的时光。虽然穿两件羽绒服也挡不住吉林寒风的刺骨,但最后见到了总理,获奖返校后还受到了校党委书记的接见,她很欣慰,付出总会有回报的。参赛中的她选择先放弃生活中的事情,努力克服自己身体的不适,调节好生活与工作的关系,融入到团队的工作中去,做好自己负责的工作。

## 邹涛:在前行的路上不断改变

作为“指尖上的陶艺”团队中年龄最小,并且是团队中唯一的一个本科生的邹涛,一直带着积极的学习态度,借鉴他人长处,不断提升自我。他说:“人要一直改变,因为改变不能是一种结果,而应该是一种状态。人只有保持这种状态,才能不断进步,不断成长。”

邹涛就读于工商学院2013级市场营销专业。今年暑假,他前往佛山参加了时长一个月的社会实践,学习到了怎样将互联网与陶瓷终端相结合等知识,并深刻认识到在传统行业转型中“互联网+”的重要性。之后,他基本都在“指尖上的陶艺”项目的创作上忙碌着。他主要负责项目中市场调研、分析及推广等工作,凭借着自身的创业实践经验及曾经担任过校企业文化研习社社长的经历,他对项目的市场及实践要求提出了很多具有实际意义的想法。

邹涛从高中开始就有了创业的梦想。在大学里,他利用课余时间在互联网公司实习,参加各种培训。他认为大学生创业不应该只停留在理论阶段,而应该多加实践。这些实践经历让他能更全面看待问题,积累了不少经验,为创业提供了很大的帮助。“指尖上的陶艺”项目给了他一个锻炼的平台。“我把这次比赛当作一种激励,鼓动我继续向前。如果以后还有类似的机会我也一定会好好把握,因为实践能带给我更大的收获,更能适应社会的发展。”邹涛说道。

比赛过程中,邹涛也遇到了些许挑战。他来自南方,对北方的天气和饮食都不太适应。满满的行程安排下有时候也会感到疲惫,但他认为这是在做一件自己热爱的事情,这些困难都算不了什么。“勤奋、坚持、创新是我们获得成功的必要因素,但我们之间的凝聚力则是最重要的。”

比赛结束了,这个团队的工作却还在继续。当前他们正在做软件后续技术补充与完善、产品封装等工作。在原有基础上,将日后的工作重心置于符合互联网发展趋势的个性化定制,打算在今年完成这个模块并在明年开拓中创空间模块等。“人人都要用瓷,人人都离不开瓷。中华民族陶瓷文化底蕴深厚,我们要将传统技艺与互联网结合,形成互联网+陶瓷新业态的先进发展模式,让中国的陶瓷走向全世界。”邹涛说道。

(文/赵婧歌　王月花)

## 习近平寄语青年

那个时候我年轻想办好事,差不多一个月大病一场。为什么呢?老熬夜。经常是通宵达旦干。后来最后感觉到不行,这么干也长不了。先把自己的心态摆顺了,内在有激情,外在还是要从容不迫。

——2015年1月12日,习近平同200余名中央党校第一期县委书记研修班学员座谈时的讲话

# 《随心陶坊陶瓷饰品连锁店》获全国大学生创业大赛银奖

2014 年 11 月 1 日，由共青团中央、教育部、人力资源和社会保障部、中国科协、全国学联等主办的“创青春”全国大学生创业大赛终审决赛在华中科技大学开幕。经过作品展示、书面评审、现场答辩等环节的激烈角逐，我校作品《随心陶坊陶瓷饰品连锁店》喜获全国银奖。

作品所述随心陶坊陶瓷饰品连锁店以“独具匠心、绿色环保”为宗旨、以“以旧换新，用更好的产品、服务回馈顾客”为营销理念，是一个致力于研究开发和连锁销售各类陶瓷民族风饰品、陶瓷生活创意家居饰品的创业项目。

据悉，本次大赛自今年 1 月启动以来，吸引了全国 2000 多所高校参加，近 10 万件作品参与竞赛，最终来自 209 所高校的 385 个创业项目进入全国决赛，我省有四所高校的作品进入决赛。比赛期间，共青团江西省委副书记伍复康对陶大参赛团队进行了亲切慰问。

## 习近平寄语青年

★增强对坚持党的领导的信念

广大青年要坚持用邓小平理论、"三个代表"重要思想、科学发展观武装头脑，把理想信念建立在对科学理论的理性认同上，建立在对历史规律的正确认识上，建立在对基本国情的准确把握上，不断增强道路自信、理论自信、制度自信，增强对坚持党的领导的信念，永远紧跟党高高举起中国特色社会主义伟大旗帜。

——2013 年 5 月 4 日，在同各界优秀青年代表座谈时的讲话

# 采摘器承载陶大学子创新梦

## ——记第八届全国大学生机械创新设计大赛一等奖获奖团队

7 月 23 日，江南的梅雨将歇未歇，为杭州这座古老城市平添一分秀气，此时的浙江工业大学屏峰校区体育馆正充溢着一片热闹的气氛，“杭州未来科技城杯”第八届全国大学生机械创新设计大赛在这里隆重开幕，来自全国 113 所高校的师生，携带他们设计制作的 181 件作品在这里进行决赛角逐。

7 月 24 日下午，伴随着热烈的掌声，为时两天的比赛在颁奖典礼中落幕。最终，由景德镇陶瓷大学机械电子工程学院教师于盛睿指导，学生刘灵、朱尚湰、裘友民、林世明完成的作品《新型高枝水果采摘器》斩获全国一等奖，这也是景德镇陶瓷大学学子首次在该赛事中获得全国一等奖。

指导老师于盛睿介绍，《新型高枝水果采摘器》的设计灵感源于目前国内很多人工采摘工作，劳动强度大、效率低、采摘成本较高，并且在采摘过程中会带来人身安全隐患等问题。在发现这些弊端后，团队成员做了充分的实地调研与市场研究，决定着手研制一种新型高枝水果采摘器。新型高枝水果采摘器的创新在于间歇机构设计和平衡机构设计，这两种设计实现了果柄的自动切割、无损采摘与切割机构的远端复位功能，这不仅大大节约了采摘成本，提高了采摘效率，更实现了环保、耐用等功能特性。大赛评委组这样评价《新型高枝水果采摘器》："高枝水果采摘器的设计很小巧，也很新颖，颇具创新意识，尤其是采摘器中那一对互相啮合的不完全齿轮和自动触发机构都设计得很好。采摘器作为产品来看，性价比较高，实用性强，生产成本低，有较强的经济价值，为厂家提供了一定的利润空间，我国众多的小果农们在经济上能够承担得起，有很广的市场前景。"

独具匠心的设计赢得了观众和评委一致好评，而在他们取得佳绩的背后，却饱含整个团队的辛苦付出和不懈努力。

从一个想法到最终的实物展示，这个过程并非易事。"理论构想到模型仿真再到实物样机的整个过程中，每一个小细节都决定着最终整体效果的成功与否。理论构想进入仿真时会出现问题，问题无法解决就需要推翻之前的方案，重新制定一套新的方案，从模型到样机需要一点一点地实验，改进，再实验，再改进。"团队成员裘友民对建模初期的多次尝试和失败至今记忆犹新。用一个月时间构思出的一套方案，在仿真模型中被推翻，然后再用一个月的时间重新构思，这样周而复始的工作对团队来说也是常事。团队在设计制作阶段时，便在作品的刀头与连接杆处犯了难。两者之间有一个异形零件，异形零件空间上存在 25 度夹角，这个夹角增加了零件加工和作品后期制作的难度，一旦零件加工不出来，团队就将面临采摘器刀头与连接杆无法实施操作的情况。团队成员经过对零件材料的反复研究和选择，谨慎考虑到钢材的重量大和铝材成本高的弊端后，提出利用树脂材质制作这部分零件，并决定用 3D 打印这种创新方法进行加工，但用 3D 打印技术制作出的第一批零件的效果并不好，结构强度上不尽人意，容易出现折损情况。团队成员紧急商讨，寻求解决方案，最终他们受到铸造凸台的启发，在原本零件结构上进行改良，在该零件内部增设加强凸台的方案，在降低成本和保证质量的前提下，成功突破了这一难题，制作出了所需的零件，将材料的选配达到了最优化。

然而，成功并不会来得如此轻松，困难也总会接踵而至。在解决零件的难题后，在采摘器刀头的设计上，团队也遇到了短板。设计起初在采摘器使用什么刀头的问题上，成员们意见不合，产生分歧，最后成员们决定用实践的方式进行证明，将市场上能买到的不同类型的剪刀、水果刀、折叠刀都进行了尝试，挑选了剪切力最大的一种刀头为采摘器的最终选中方案。为了使剪切效果达到最佳，成员们再次创新，在基板上多加了一个定刀，将原本折叠刀的两面磨出弧度，这样大大地提高了采摘水果的效率，为采摘器带来了不少的加分点。“我们付出了许多汗水也做出了许多努力，但这一切都是值得的，知识的积累不仅需要理论的学习，更需要实践，动起手来才能让我们学有所用。”团队成员林世明说道。

“一路艰辛一路走来，同学们真的不容易。”于盛睿老师介绍，团队自组建起，同学们的课余时间大半都花在研究和设计上，团队在寒假期间便开始了准备工作，在家中查阅相关的资料，为团队以后制定方案做好铺垫。开学回到学校后，团队成员分工合作，刘灵和朱尚滏负责最终调试和加工，将采摘器各项部件进一步完善，林世明负责写实验分析报告和三维仿真，裘友民负责 PPT、说明书和视频制作工作。5 月份先是在第八届全国大学生机械创新设计大赛江西赛区预赛中斩获一等奖。进入 7 月，全国决赛迫在眉睫，团队四人一致决定留校继续实验和研究。这段时间团队成员不是在工程训练中心，就是在去工程训练中心的路上，经常在实验室工作到晚上十一二点。

决赛当天，一路风尘的团队还来不及歇息，便赶往了浙江工业大学。到达决赛地点后，于老师和团队成员经过一番商议后，决定在展区内部真实模拟果园的现场采摘环境，在展区头部挂上树枝和水果，这是一个挑战也是一个难得的亮点。挑战在于需要找到合适的树枝,苹果还需要与树枝合理地结合,这样才能使得采摘演示效果更好。当时已经晚上 10 点多,在人生地不熟的杭州要找到合适的树枝谈何容易?可是尽管如此,团队两位成员依旧分头行动,在找到树枝后又将苹果用大头针与树枝的枝丫相连。经过一系列波折后,团队成员用一个通宵的时间把展区布置出理想的效果,这时杭州的天已经泛起朝阳。

决赛展览上,团队成员默契配合,讲解、演示一气呵成,将作品的优点和创新之处充分展现给专家评委,赢得现场一片叫好,最终从众多高校中脱颖而出,斩获全国一等奖。"获奖的背后有校团委和机电学院给予的大力支持,成绩的取得更离不开于盛睿老师的细心指导和各位同学的努力。"机械与电子工程学院院长吴南星表示。

即使波折连绵,笑容依旧灿烂如花。一路走来,于老师带领的团队顺利克服了实验期的困难和挑战,特别是在最后进入总决赛阶段,大家一方面要准备期末考试、考研复习,一方面还要积极备战比赛。但他们始终不曾放弃,因为团队的合作和勇于创新的精神早已写入他们的行动之中。

在截稿前,记者了解到,《新型高枝水果采摘器》的相关技术已申请专利两项,其中实用新型专利已授权,发明专利已进入实审阶段。

(文/赖中富)

# 花拥斌：博学笃行，在科研的路上砥砺前行

成功授权国家发明专利1项，成功授权国家实用新型专利8项，2017年《节能减排陶瓷干法造粒装置》荣获第十届全国大学生节能减排大赛国家“三等奖”，一次“国家奖学金”荣誉，一次“国家励志奖学金”荣誉，2016、2017年在《陶瓷学报》《硅酸盐通报》《中国粉体技术》等中文核心期刊上公开发表学术论文4篇，在《教育前沿》《教改论坛》等国家优秀期刊和各类期刊中公开发表学术论文9篇，获2017年度“十佳优秀大学生”荣誉称号。他，就是景德镇陶瓷大学机电学院花拥斌。

花拥斌，专注于科研，笃志笃行，是一个创新达人。在大一时他曾参与到吴南星院长的国家自然科学基金项目的研究，已成功申请1项国家发明专利和8项实用新型专利，发表了多篇学术论文，科创成果突出。他同时担任我校机械电子工程学院2015级机电专业1班班长一职，在任职期间，严格要求自己，以身作则。

## 科研梦的发生

每周50个小时留在实验室做科研，也有过压抑、无措、烦躁的情绪，但花拥斌不断地在心里告诉自己：“再坚持一下，再坚持一下。”坚持到最后就变成了一种习

惯，一种执着。成为一名科学家一直是花拥斌的梦想，而他也在追梦的路上不懈努力着，两年的孜孜不倦、潜心研究让他离梦想越来越近。多项荣誉加身没有让他骄傲，只是让他更加坚信“付出就有回报”，也让他更加确定自己未来要走的路。

## 不断提高思想政治觉悟，争做优秀党员

在思想上，花拥斌热爱党和国家，有坚定的理想信念和高尚的奋斗目标。在听完党的十九大报告后，他深受触动，他立志要用坚韧不拔的意志和艰苦奋斗的行动，勇于担当，勇于创新，用实际行动为中华民族的伟大复兴，为伟大的中国梦贡献自己的青春力量。他注重政治理论学习，业余时间经常阅读习近平总书记系列重要讲话，同时，他很关注时事政策，乐于与同学们分享讨论时事动态。他始终以党员的标准严格要求自己，在班级、在学院起到了很好的模范带头作用。

## 努力学习科学文化知识，争做优秀学生

在学习上，花拥斌认真踏实，刻苦钻研，始终坚持“三不”，不迟到、不早退、不逃课。大学期间，他上课前积极准备，认真听取每一堂课，并做好课堂笔记。他深深明白，课堂的时间远远不够，所以他更加认真刻苦地学习，独自上自习已经成为他的习惯，也经常向老师提出在学习方面遇到的困惑。秉承景德镇陶瓷大学的校训“诚朴恕毅”，他在每次期末考试都取得专业第一名的好成绩，专业课成绩尤其突出，并荣获 1 次“国家奖学金”、1 次“国家励志奖学金”以及 3 次“一等奖学金”荣誉，荣获 1 次“三好学生”、1 次“优秀学生干部”、1 次“优秀团员”等荣誉称号；课余时间积极参加各类竞赛，荣获第十届全国大学生节能减排大赛国家级“三等奖”、第十届全国大学生节能减排大赛校级“二等奖”和“三等奖”、第十五届“挑战杯”校级“二等奖”、第三届“互联网 +”校级“铜奖”等奖项。他坚信付出了就有回报，在大一的时候，曾跟随吴南星院长和班主任廖达海老师做课题，学会了撰写专利和学术论文。为了能够学到更多的知识，他每天晚上六点到十点在实验室，而且寒假和暑假也留校学东西，并从中找到了自己的兴趣，从不松懈，努力完成老师给的任务。其间发表学术论文 13 篇(4 篇核心期刊，9 篇省刊)，并已成功申请发明专利 1 项和实用新型专利 8 项。

“取得较好的成绩和荣誉背后，是学校的发展创造的良好条件，是老师的悉心

指导与同学的默默支持，也有踏踏实实的付出和永不言败的执着。”

## 全心全意为同学服务，争做优秀干部

他在工作上兢兢业业，曾担任院学生会干事，红飘带青年志愿者协会副会长，至今一直担任15机电1班的班长。他是一个责任心强的人，同时也充满了热情。在担任班长一职中，他也起到带头模范作用，积极主动为同学服务，有意识地协调好同学之间的关系，配合班委的各项工作，做好桥梁作用，营造良好的学习生活氛围。他在工作时有一股强烈的热情和高度的责任感，以身作则，力求完美。在课余生活中，为响应学校“三走”活动，他积极组织各类文体活动，比如班级户外登山、班级辩论赛、班级篮球友谊赛等，丰富了每位同学的大学生活，为同学们的大学四年留下了浓墨重彩的一笔。

## 努力培养自立自强精神，争做优秀青年

生活上，花拥斌朴素节俭，严于律己，宽以待人，尊重师长，与人相处融洽，并养成良好的生活习惯，有较强的交际能力，集体荣誉感强，且积极进取。他一直铭记“静以修身，俭以养德”，并且将这句话融于生活。“大学的学习生活，是我人生中一个极为重要的阶段，在这期间，我学到了很多在课堂上学不到的知识，在各个方面获得了很大的进步。”他激动地说。

“面对社会这所没有围墙的大学，大家要不断地更新自己，充分发挥自己的优点，正视和克服自己的缺点，自强不息，奋斗不止，在困境中勇往直前，展示当代大学生的风采！”他正用自强不息、奋斗不止的精神鼓舞着身边的大学生们奋勇向前！

（文/薛志鹏　温良）

# 别样“支教”走向省大学生艺术展演的最高

“小品《不离开》获得9.907分，并列本科甲组第一名。”主持人宣布结果后，场下传来轰鸣般的掌声。近日，江西省第九届大学生艺术展演落下帷幕，我校选送的小品《不离开》在戏剧类（含戏曲和小品）节目中脱颖而出，与江西科技师范大学以同等分数并列第一名。

“离开这我可以不再为了喝一杯水走十几里的山路，离开这我就可以回到那个灯红酒绿的都市……离开这我却失去了连我自己都不知道，却很重要的东西，我选择不离开！”这是支教老师王往往的最后独白。

《不离开》讲述的是大学毕业生王往往放弃优越的条件去山区支教的故事，恶劣的环境和家里一直催促的电话让小王摇摆不定，孩子们真切的请求和於大娘的理解让小王老师最后决定不离开。

该剧指导老师张爱敏谈及剧本灵感由来：“看《仓皇的青春》这本小说时，有一个大学生支教的片段，觉得是一个不错的题材，便写了初稿。校团委书记常成玉看到稿子后表示赞同，逐字逐句提出中肯的修改意见。”

当时，省大学生艺术展演的通知刚刚下发。校团委做出决定，由团委副书记吴丹妤具体负责大学生艺术展演工作。吴丹妤第一时间找到张爱敏，请她牵头该小品节目的编排。

从今年5月到11月去南昌比赛前的这段日子里，大家就在一间简单的活动教室里，对着镜子反复排练，每天中午12点30分到1点30分，晚上9点到10点30分，从未间断。

演出中的道具都是师生们自己设计制作的。六块屏风，长、高2.2米，可旋转，一面为黑板，一面为贫困山区孩子们的特写海报。由于海报太大，不易张贴，皱了一点点就得全部撕掉，贴了又撕，撕了又贴，贴了30多张才完完整整地把屏风道具张贴好。每次演出六块屏风也都是大家自己扛上扛下。

“集体的智慧最重要。那些天，团委常成玉、李明文、吴丹妤和其他几位同事纷纷给我当参谋，大家一致的思想是‘要结合身边人身边事’。”张爱敏谈及对剧本的不断修改完善时说道。

当时恰逢由我校校友支教的真实故事改编的电影——《山那边有匹马》在校园放映，大家发现可以吸收其中一些片段加入原剧本整合。修改后的剧本进一步挖掘剧情，使戏剧矛盾冲突加剧，增强了舞台观赏性和感染力。新剧本的排练中大家情感不断细腻化，情绪起伏的衔接也不再生硬，到后期的排练正常走戏，演员与角色已融为一体了，会陷入剧情中不自觉地落泪。

“站在舞台上，看见其他高校为我们鼓掌，听到专业评委的肯定，没有词语能形容当时内心的心情。”演员之一同时也是青花艺术团副团长的刘雨宣说道。

将艺术融入思政工作中去，是学校交给团委的重要“命题作文”。“话剧是直观呈现，教育效果更强。当然，还有其他艺术领域也是一样的，都能起到很好的教育作用。团干部们都在发挥自己的专业优势，为共青团工作增添色彩。”张爱敏说道。

无独有偶，就在小品《不离开》宣布获得全省本科甲组戏剧类第一名时，又传来喜讯，我校选送的朗诵《那些年我们真的没有钱》同样获得江西省第九届大学生艺术展演本科甲组朗诵类第一名。两个节目不久还将参加全国大学生艺术展演。

（文/黄高璐）

# 方寸之间,刻印传承与创新的风采

## ——记“2014 年江西省大学生年度人物”陈维

7 岁起,他结缘书法艺术,从此便没有放弃这个爱好;20 岁时,他选择了艺术类本科,将这一爱好作为自己所学的专业;2008 年,北京奥运会会徽的神奇魅力让他

萌发奇想，将陶瓷艺术和篆刻艺术结合作为自己的特色创业之路。

7 年间，7 个国际级、国家级、省级等不同比赛的金奖、一等奖接踵而至，硕士在读期间，一次次尝试创业的成功，让他在方寸之间，刻印出传承与创新传统文化的不尽风采。

他，就是景德镇陶瓷学院 2012 级美术学研究生、景德镇市青年书法家协会理事陈维。

## 守望传统，传承民族文化

1988 年 2 月，陈维出生于浮梁县一个偏僻的农村。幼年时他从春联中找到了书法的灵感，从此一发而不可收。由于当时农村的书法资料极其有限，陈维在很小的时候就开始自学，无论是寒冬还是酷暑，他总是一个人在家中临帖。多少个春秋下来，陈维积累了满满一大箱的书法习作。早年的积累为他日后的创新打下了坚实的基础。陈维从褚遂良的《倪宽赞》入手，进而学习《雁塔圣教序》《龙门二十品》，又由楷及隶、由隶及篆。一步一步有意无意间探本穷源式的学习让陈维对书法的认识由低层次的描摹上升到对书法本质的认识与探求。

小学四年级时，陈维无意中在泡沫塑上雕刻自己的名字。这一件不经意间的小事成了陈维追求篆刻艺术的起点。没有老师，他就从报刊上补白的印章开始临习；没有材料，他就背着斧子从山上砍来硬木。那时小小的陈维，如此执着，所有的困难都没有拦住他学习的脚步，反而让他越来越坚定自己的信念。

在陈维这个年龄段，多半年轻人热衷于网络游戏，很少有人能沉下心来研究古老的传统艺术，特别是像篆刻这种离我们的生活如此遥远的艺术，单单古文字这一关就足以令许多人望而却步，更何况还要更多的传统文化作为根基。但总会有人一直在做着虔诚的努力，陈维，就是这样的人。

与当下艺术圈大部分急于求成的年轻人不一样，陈维说，一切优秀的艺术家都是善于向古人学习的，只有潜心向古代的经典学习才有可能创造出无愧于时代的艺术作品。所谓“印宗秦汉”，在大学四年里，陈维临习了数百方古代的经典印章。他以秦汉印作为基底，又不断探求古印的渊源与流变，反复锤炼自己的艺术风格。他的篆刻作品，无论是字法、刀法还是章法都达到了很高的艺术水准。他的作品曾获国际篆刻大赛二等奖、江西省篆刻一等奖等 40 余个省级、国家级权威奖项。他成为江西省篆刻领域的佼佼者，并于 2014 年 9 月获得中国书法家协会会员资格，成为我市最年轻的国家级书法家协会会员。如今很多景德镇陶瓷界名家的常用印都出自陈维之手。

## 选择冷门，坚持瓷印创新

出于对艺术梦想的执着，2008 年，文化成绩极其优异的陈维毅然选择了美术专业并顺利考入景德镇陶瓷学院。那年正值北京成功举办奥运会，奥运会会徽“中国印 · 舞动的北京”给了陈维很大的震撼，会徽成功运用了书法篆刻元素，有着浓浓的中国韵味。这给了一直痴迷于篆刻艺术的陈维很大的信心，陈维也因此坚信传统文化在当代一定能够发扬光大。有了多年的书法篆刻功底，陈维开始探索艺术的创新，他思考着，假如将篆刻艺术与陶瓷艺术结合起来会怎样呢？通过对书法篆刻史的深入探究，陈维总结出一条规律，即材质的转换将会对艺术的创新起着极大的促进作用，他决定开始涉足陶瓷印和陶瓷底款的研究——这里面一定大有文章可做！

陈维说，他的目标是以陶瓷材质为契机拓展篆刻新的语言。陶瓷印章古已有之，至今有不少出土的先秦陶印及陶文。但是这些珍贵的印文化很多年来并未被艺术界关注。陈维独辟蹊径，以古陶文为研究对象，根于传统，不断创新。

在尝试创作之处，压泥、制坯、做纽，陈维每日工作十七个小时以上，常常凌晨零点以后才从工作室回来。很多特制的印坯出了问题，经常开裂、变形。再加上当时正值寒冬，手上常常被湿泥冻伤。而陈维丝毫不改初心，他说陶瓷篆刻是他生命中最重要的事情。经过长期的实验，他创作出很多精彩的作品，在全国的篆刻领域都颇有影响。很多篆刻家来景德镇，便首先联系陈维，向他请教陶瓷印的创作经验。

在陶瓷底款的研究方面，陈维也颇有心得。他说，所有的古代官窑器，都会有一枚底款，这一枚底款印章在证明作品的真伪、辨别艺术水平的高低方面往往有着非常重要的意义，而这一点往往被当代陶瓷艺术家所忽略。执着的陈维甘学冷门，下定决心要深入研究底款的风格与设计方式。在景德镇，底款这一行往往都是由父辈传授给自己的儿子，专业的底款高手更是难以寻找，陈维根本无法得到向专业师傅请教的机会。2009 年，陈维开始在各个陶瓷作坊打杂工，寻找底款高手。功夫不负有心人，数年间陈维结识了不少底款高人，或是仿古高手，或是工艺专家，他们都被陈维的执着所打动，将自己对印款的心得传授给陈维。由于得到专家的指点，再加上自己的勤奋钻研，陈维在底款设计方面的水平有了长足的进步。

"为往圣继绝学"是陈维的座右铭。当大部分陶瓷艺术家对"大师"的头衔趋之若鹜的时候，陈维选择了陶瓷领域里一个最冷的门类——底款。陈维说，在商业社会，从事陶瓷艺术更需要有一颗执着淡定的心，不被周围纷杂的环境所影响。虽然底款是一枚小小的印章，但却包含了传统文化里最重要的因素，它的传承与创新，任务就在我们这一辈青年人身上！

## 主动担当，创业回馈社会

一路走来，陈维的艺术道路并非一帆风顺，他遇到了太多的困难与艰辛。家人种田微薄的收入很难供给陈维读书的开销，本科时期，陈维开始尝试创业。

创业之初，陈维的同学都热衷从事陶瓷首饰和陶瓷彩绘产品的生产。而陈维偏偏也选择了冷门，他说，虽然陶瓷首饰能够在短时间内获得丰厚的回报，但这并不是自己的所长，自然不是创业的长久之计。带着这样的思路，陈维深入地思考了专业与创业之间的关系，他认为创业应该结合自己的特长，将之纳入到人生规划中，因此要结合民族文化，既要盈利，也能推广传统艺术。于是，陈维开始陶瓷印的生产，他将极富民族特色的印章表现在陶瓷材质之上，既将专业所长打造成创业特色，又做到了产品的唯一性。他坚信，只有这样，才能更好地将民族艺术发扬光大。陈维将自己的产品分成两类，一类是面向大众的工艺品，另一类是针对中高端市场的篆刻艺术品。经过一年的奋斗，陈维的创业小有起色，他开始一边无私地带领身边的同学共同创业，一边举办创业讲座，毫不保留地讲述自己的"创业经"，让其他像自己一样的贫困学子也学会用双手圆筑梦想。创业有了一定的盈余之后，陈维冒着失败的风险改变生产模式，面向周边农村招收学员，既教给了他们一技之长，又解决了他们的就业问题。

常常有朋友向陈维请教书法篆刻问题，陈维也都悉心给予指导，他们中有不少人因为陈维的指点而得到很大的提高，有 4 人在省级书法展览中获奖、入展，获得了省级书法家协会会员资格。2013 年陈维办起了书法培训班，将自己所学的知识传授给书法篆刻爱好者，身体力行地弘扬民族文化。

陈维说，书法教育是传承我国优秀传统文化的重要举措，而目前中小学书法教育师资力量非常薄弱。为此，他长期坚持到周边的贫困小学义务支教，指导小学生学习书法，帮助孩子们掌握一定的学习技巧。在陈维的指导下，不光小学生们爱上了书法，不少小学的老师也成了陈维的“学生”。陈维自立自强和帮助他人的精神影响着身边的每一个人，2013 年，陈维获得“中国大学生自强之星”提名奖。去年，他被江西省教育厅评为“2014 年江西省大学生年度人物”，也是景德镇地区当年唯一获此殊荣的大学生。

陈维热爱传统文化，坚持在传承中创新；他执着笃定，在商业浪潮中始终坚守自己的艺术梦想；他懂得回馈，在提高自身素质的同时，时刻不忘帮助他人；在青年中充分发挥了先锋模范作用，用自己的一言一行践行着一名瓷都青年的“中国梦”。

**个人简介：**陈维，1988 年生于浮梁，现居南京，任教于江苏第二师范学院。现为鄱湖印社副社长、中国书法家协会会员、江西省八零九零篆刻提名展成员、终南印社社员、江苏甲骨印社社员、江西省诗词学会会员、《中国印林》编委、景德镇市青联委员、千印堂书法篆刻工作室导师。2018 国家艺术基金“青年艺术创作人才资助项目”立项资助对象，应邀在 CCTV 讲解书法篆刻。

# 不忘初心的考研梦

2014 年，景德镇陶瓷大学 2010 级体育教育专业的易国峰考取北京体育大学。一直以来，北京体育大学是易国峰心目中的理想大学，被北体录取是每一个体育生梦寐以求的。虽然高考他与北体擦肩而过，但是这个梦想在他心里扎下了根。在大一新生自我介绍时，易国峰在讲台上信誓旦旦地说："我要考北京体育大学。"只有他自己知道，这绝不是年少轻狂夸下的海口，他始终没有忘记自己的初心。大学四年的每一天，他都在为最初的梦想拼搏。

大一时，他向 2008 级的学长学习打网球，大二时去 2009 级的班上蹭课，而当大三开专业课程时，他已经可以每天去网球场练球了。在体育的四个专业里，他之所以选择网球，是因为在他看来，网球的发展前景好，也是一项很有意思的运动。易国峰说，他并不是天才，只是比别人先走一步，而机会往往就垂青有准备的那些人。

考研对易国峰来说，英语是一道难关。他高考英语只考了51分(总分150分)，大学英语三级，考了三次才通过，大学英语四级，考了四次才通过，而考研英语，他考了56分(总分100分)。学习英语的这一路困难重重，但他从来没有放弃。每天清晨他都会去图书馆背单词，他尝试了许多学习英语的方法，一直在探索总结适合自己的英语学习方法。因为英语基础薄弱，他就专注于教科书上的课文，一字一句地精读了第一册英语书，选了几篇比较好的课文进行背诵，通过不断地积累，他觉得英语没有那么难了，渐渐地能阅读英语文章。在练习四级听力的时候，他是用考研英语的材料进行练习的，这样四级的听力就显得简单了许多。

说到人生规划，他不假思索地说，他还打算考博，以后当一名网球教练或者是大学老师。他不仅不忘初心，执着追梦，言语中也一直在向我们传达着体育生的精神，他说："从事体育的必经之路就是身体和心灵的锻炼，身体不断地积蓄力量让自己变得更强大。每天重复枯燥的训练就是心灵的锻炼。你想要达到一定高度，就必须通过身心的考验，我们拥有强大的精神力量支撑着我们完成每一个任务，渡过每一次难关。"

他的目光落在25圈后的终点线，落在未来他想成为的样子里，让人恐惧的一万米甚至成了他的爱好，他说，那是人生。一万米的征程就像他考北体的遥远的路，你清楚这一路有多少艰难与险阻压抑得你喘不过气来，你明白多少精力的流失也不一定会换来终点的桂冠。而你却永远不知道未来等待你的是什么，不知道那个终点你何时会抵达，会不会抵达。可那又如何？不忘初心，始终充满信心地走向那条看起来不太光鲜的路，让每一个步伐掷地有声，踏出阳光满溢的大道，奏响未来的凯歌。

(文/倪媚倩　傅悦)

# 学设计钟情釉瓷画
## ——毕民贞的创业故事

经历三次高考，他才圆了大学梦。当过搬运工，开过台球室、办过软件班，创业路上，他曾一败涂地，负债累累，却始终咬牙坚持。对陶瓷艺术的狂热追求，让他从不轻言放弃。他最大的愿望是：希望父母不再为他失望，尽最大努力，让父母过上好日子。

他叫毕民贞，景德镇陶瓷学院2011级工业设计专业学生，大学还没毕业，就依靠自己的创业所得，买了房，买了两辆小汽车，一辆自己用，一辆孝敬远在山东潍坊的父母。

大部分人都很怀念自己的中学时代，毕民贞说："永远不要回到中学时代，因为想想都会做噩梦。"绝望、焦虑、自卑，毕民贞的花样年华，充满了灰色的记忆。

第一次高考失败，毕民贞还想再来一年，第二次失败后，毕民贞想到了放弃，觉得自己不是读书的料，就赌气来到了建筑工地，搬砖、运水泥，一干就是四个多月，一天工作十多个小时，背上的皮掉了一层又一层，稚嫩的手上长出了老茧。可是祸不单行，上天并没有眷顾这个屡遭挫折的年轻人，在一次操作吊砖机时，由于操作失误，毕民贞砸伤了工友，赔偿了高额医疗费后，本就贫困的家庭，雪上加霜。

"母亲来到工地看望我，当她看到我穿一件破烂的衣服，又黑又瘦，满头污垢时，忍不住哭了起来。"从母亲的哭声里，毕民贞听出了"无助和失望"。

毕民贞成了反面教材，村子里谁家的孩子不努力学习，父母都会教育孩子说："再这样下去，你就成为下一个毕民贞了。"

受过挫折打击的毕民贞心里有一团火，他希望再给自己一次机会，努力考上大学，证明自己。在家人的支持下，毕民贞重新回到了课堂上。复读的第三年，毕民贞对自己说，这是最后一次机会，一定要好好把握。毕民贞的母亲曾学习过美术，受母亲的影响，毕民贞自小就对画画很感兴趣，为了备战艺考，他每天都是画室里最早到、最晚走的人。2011 年 9 月，他以优异的成绩，成功考入了梦寐以求的景德镇陶瓷学院。

毕民贞读的是工业设计专业，可景德镇浓郁的陶瓷文化氛围让他有了"改行"学陶瓷的想法，通过朋友，他结识了一些景德镇的陶瓷绘画大师，毕民贞的班主任、辅导员和专业老师也给了他很多指导和帮助，他有了创业的打算。

2012 年，毕民贞借钱开始创业尝试。起初，他承包了一家台球室，有了一些收入，但感觉离自己的理想很遥远，而且浪费时间，他很快就决定不干了。后来，他通过自学软件，和朋友合伙办起了软件培训班，培训班的生意不错，他赚到人生的第一桶金。年轻的心又不安分起来，景德镇"柴烧"的流行，让毕民贞嗅到了商机，他决定把所有的积蓄投入进去，搭建一个柴烧的窑，但由于缺乏经验，一场暴雨，把尚未建好的窑一夜之间全部冲塌了。"数万元的投入瞬间化为乌有，我在窑前跪了一夜，脸上不知是雨水还是泪水。"毕民贞心痛地说。

一切又回到了原点，在最艰难的日子，毕民贞曾去菜市场捡菜叶度日，连续吃几天泡面是常有的事。一次偶然的机会，毕民贞看到学校老师做的高温颜色釉作品，颜色奇妙的变幻让他惊叹不已。他决定自己创作高温颜色釉，于是从图书馆借来了很多陶瓷艺术创作的书籍，没日没夜地摸索着，就像一个在黑夜里行走了很久的人，渴望觅见一盏指引方向的灯。

位于景德镇新厂陶阳新村的毕民贞工作室，至今还有上百件当时创作失败的作品。

“创作一幅好的颜色釉作品很难，让自己满意就更难了。本想烧出红色，结果变成其他颜色，有时还担心，两种颜色放在一起会不会有问题，上的颜色会不会太厚或者太薄了，太厚了会浸釉，太薄了颜色会烧没了，一种釉会不会被另一种釉吃掉了……”谈起创作体会，毕民贞似乎有说不完的话。

“创作对于我来说就是画自己生活和成长过程的映像，好的作品，每幅作品都需要融入自己的感情和感受。”创作遇到瓶颈时，毕民贞就会选择外出写生，让旅行激发自己的灵感。一次，毕民贞来到云南大理蝴蝶泉写生，听到了关于蝴蝶泉凄美的故事，很受触动。回来后，他花费了一个月的时间，创作了瓷板画《蝴蝶泉》。一位经历过失恋痛苦至今尚是独身的60多岁的老者，在毕民贞的工作室看过这幅作品后竟失声痛哭，他从这幅画里读到了自己那段刻骨铭心的爱情。他决定出高价买这幅作品，毕民贞看他如此喜爱自己的作品，就决定免费赠给这位老者。这位老者婉拒了毕民贞的好意。后来，毕民贞和这位老者成了忘年之交。

陶瓷艺术绘画魅力点燃了毕民贞的创作激情，三年内，他共创作了40余幅自

己满意的作品。2014 年 9 月 26 日,他在学校举行了个人陶瓷艺术展,还受邀在山东淄博举办了作品展。

“创业路上,最大的困难不是资金,而是一个人对待困难的态度。付出十分努力,能够得到一分回报,就是成功。”2014 年 9 月,毕民贞接到了一个观音阁彩绘的订单,一百多平方的工作量,工期只有三天,几个朋友听闻,主动过来一起帮忙。为了按时完成,他们吃快餐,困了就铺报纸睡在地板上,周边是满地的垃圾颜料,蚊子很多,但这对他们来说,都不是问题。就这样,他们在工地上同吃同住,高质量、按时完成了彩绘任务,受到了客户的称赞。

创业是为了什么,不同的人有不同的答案。毕民贞的最初目的,是希望通过自己的努力,让父母过上好日子,想用行动证实,这个让他们操碎了心的“问题少年”,如今真的长大了。现在,他已成为村子里的孩子们学习的榜样,电话里,毕民贞的父母高兴地说:“因毕民贞的上进,在乡里乡亲面前,他们比以前有面子多了,他们为有这样懂事的儿子而感到骄傲和自豪。”

而毕民贞不满足于现在的成绩,他有了更大的愿望。那就是如何让高温颜色釉成为独立的画种,让更多的人欣赏到釉瓷画的魅力。即将毕业踏入社会的毕民贞,将为了完成自己的艺术梦而继续努力。

(文/李明文)

# 让兴趣和专业技能为慈善益行张力
## ——李子涵的慈善心路

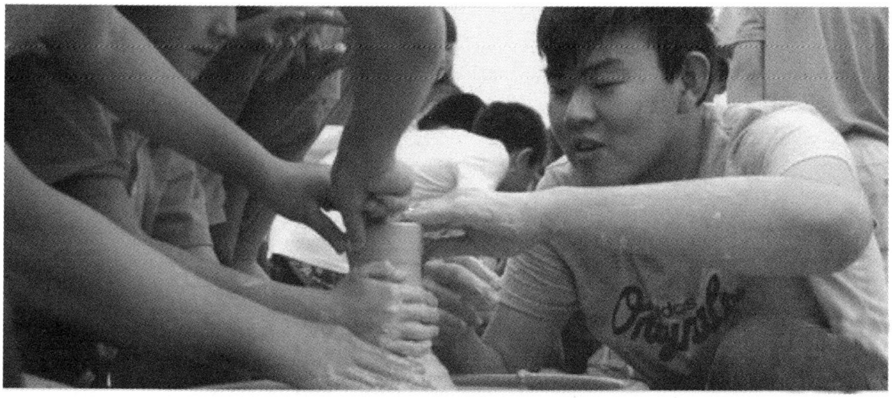

李子涵在小学校园里义务教学生拉坯

在记者眼中,这个不善言辞、笑容可掬的男孩是一个执着、乐观、积极的人。今年六月,李子涵看到网易携旗下“梦幻西游”游戏开展的一个圆梦活动,他心中的梦想——“传承发展手绘青花艺术”立地发芽。

“因为现代工艺发展太快了,大多数人都不愿意学习运用手绘青花工艺了,我觉得发扬传承这门艺术是我的责任。”在众多参选者中,李子涵与其他10名圆梦人脱颖而出,网易公司拨给每个圆梦人一万元圆梦基金,李子涵运用自己所学的陶瓷知识,把专业知识与兴趣爱好完美地结合在一起,并召集了一些志同道合的伙伴一起圆梦。在原本一万元圆梦基金的基础上,李子涵又自付4000余元进行烧制,耗时两个多月,最终打造出一个1.4米的手绘青花瓷盘以及梦幻西游系列杯碟套瓷300余件。在“梦幻”嘉年华时,李子涵作为圆梦计划的参与者,受到了网易公司的邀请,李子涵把自己辛辛苦苦画的巨型手绘青花瓷盘送给了网易公司,并在广州结识了其他10位“圆梦人”。

在“梦幻”嘉年华上,李子涵将这些用梦想基金制作的茶具杯碟进行售卖,他用卖来的钱买了很多书籍、纸笔等学习用品,并向青海山区捐款6000余元。“这些钱都是我从生活费、奖学金中攒下来的。”此外李子涵还将一些杯、碟等价值4000

余元陶瓷物件捐给了四川成都的一家福利院。

李子涵设计并烧制的梦幻西游主题瓷盘

黄日平是李子涵的同班同学，也是他的班长。在他的眼中，李子涵是一个学习上成绩优异，生活中和善待人，大方有爱心的良师益友。“李子涵是我的良师益友，我们关系很好，在很多事情的决策上，他能给我提供一些中肯的建议。而且他也是一个极具爱心也懂得照顾别人情感的人，四川雅安地震时，全班统一每人捐 50 元，后来李子涵自己去捐款处又偷偷捐了 1000 元，他为人低调，这件事也只跟我提起过一次。”

提及李子涵的圆梦慈善举动，黄日平笑笑说：“我是刚刚听说这件事的，但是我一点都不觉得惊讶，因为这就是我认识的李子涵能做出的事。”

## 年轻就应该做自己想做的事

年轻就应该做自己想做的事，李子涵即是如此。李子涵很小的时候，他的父母带他去孤儿院看望那些无父无母的孩子，当时孤儿院的条件还不是很好，总有一股异味，但就是在那时，父母的一个举动深深地触动了他——主动帮婴儿换尿布，虽然这是一件不起眼的小事，却让李子涵知道了什么是爱心。李子涵的阿姨也曾资助过一个高中生，让他圆了大学梦，那名高中生曾多次写感谢信寄给阿姨，信中字里行间除了表达感激之情，还叮嘱阿姨的儿子要好好学习。在这种环境下长大的李子涵心中萌生了一个想法——为社会公益事业做一些事情。“我就是要做出一些事情，让大家知道90后也是有担当的一代。”

李子涵是这样说的，也是这样做的。“大学几年的教育，也让我对慈善公益有了更深的认识，我经常和学生会里的同学们去附近的小学义务支教，教孩子拉坯，传承一下陶瓷工艺。我希望和我有一样想法的大学生都可以用自己的行动来实现梦想。”李子涵说毕业之后一定会再去一趟青海，去看看当年的孩子如今过得怎么样。

（文/蒋朵　龚丽萍）

## 习近平寄语青年

广大青年要牢记“空谈误国、实干兴邦”，立足本职、埋头苦干，从自身做起，从点滴做起，用勤劳的双手、一流的业绩成就属于自己的人生精彩。

——2013年5月4日，习近平同各界优秀青年代表座谈时的讲话

有信念、有梦想、有奋斗、有奉献的人生，才是有意义的人生。当代青年建功立业的舞台空前广阔、梦想成真的前景空前光明，希望大家努力在实现中国梦的伟大实践中创造自己的精彩人生。

——2014年5月，习近平在北京大学师生座谈会上的讲话

要以国家富强、人民幸福为己任，胸怀理想、志存高远，投身中国特色社会主义伟大实践，并为之终生奋斗。心中有阳光，脚下有力量，为了理想能坚持、不懈怠，才能创造无愧于时代的人生。

——2016年4月26日，习近平在知识分子、劳动模范、青年代表座谈会上的讲话

# 张艺:骑自己设计的车

一顶黑色的 HM 帽子,一个红黑色大背包,一辆黑色自行车,在校园里经常可以看见他穿梭的身影,他是张艺,来自四川德阳,是景德镇陶瓷大学产品设计专业即将毕业的一名大四学生。

对张艺来说单车有一种让他说不出的喜欢,从初一时他便开始了自己的单车之旅。因为表哥是开单车店的,经常会有用户来店里修车,有些换下的配件在店里放着,当时还在上初中的他拿店里别人换下的损旧单车配件用自己的力量组装了一辆。"还记得每周五放学最喜欢的就是一个人戴着耳机在山间田野里骑行,那种慢悠悠的速度,那种风在耳旁呼啸而过的感觉,那个时候觉得没有什么东西可以比得上。"他闭上眼睛,微笑着,深深吸了一口气。

上了大学,他直接把自己的单车从家里打包寄到了学校,并且加入了学校的自行车协会。每次骑完单车张艺都会把车扛到五楼寝室,从没在楼下放过车。"单车对于我来说就是我的情人,我不能让它在我的生活里消失。"张艺说道。

因为对单车的热爱和熟悉,到了毕业设计的环节,他决定设计一辆属于自己的独一无二的单车。"刚开始的时候手忙脚乱,一直没有找到合适的材质和制作方法。"尝试过木头,试过铝管焊接,始终感觉都没有找到自己想要的流线速度感和酷炫的材质感，于是他又回到了最初的草图阶段。在电脑上画草图、建模型，在渲染的时候他终于发现了最适合自己的材质——碳纤维。

“我这辆车的设计理念专注于科技、优雅，设计灵感来源于1982年美国上映的动作科幻电影BLADE RUNNER，整体的曲面效果和碳纤维的科技质感非常出众，车的设计主轴专注于优雅而非运动化，车前面的灯以蓝色为主，维持整车的科技感和优雅性……”谈起车的设计理念和材料时，原本寡言的他开始变得滔滔不绝起来。

在单车制作阶段的时候，他每天都去图书馆和网上查找很多资料，一遍又一遍地熟悉车架的制作流程：用硬质泡沫制作车架的模型，把它打磨到比较平滑的形状。在受力部分缠绕了一层凯夫拉材料以确保它的稳定性。再在上面包裹碳纤维材料，在环氧树脂定型后，再把表面整体打磨一遍，加热固化……

张艺觉得自行车永远不会被淘汰，因为它是和生活息息相关的，甚至现在已经有人把自行车看作一件配饰。“自行车是我一辈子的好朋友，只要天气不是太糟糕，我都会选择骑自行车出去。”他说这是一种生活，一种对单车的一如既往的热爱。

（文/熊岩涛）

# 朱淑贞:我的生活离不开陶艺

朱淑贞来自广东惠州,是2013级陶瓷艺术与工程专业学生。你要说什么打动了她,或许是老师课程上一次神奇的示范,或许是市集上与陶艺一次缘分的对眼,又或许是从小对于绘画的热爱、试验的好奇。情不知所起,一往而深,而今的朱淑贞,生活已经离不开陶艺。

她和两个志同道合的同学组建了一个工作室,它有个特别的名字叫作"廿釉工作室"。廿,代表了她们三个的年龄与创新的想法;釉,是一种陶瓷材料,也是工作室想要继续探索的方向。

开工作室之前她去当过画工,还是有很多不懂的地方,都是一步一步向身边的人请教出来的。在开始做作品和烧制方面不太成熟,一次次烧制,一次次失望,跟期望的效果相差比较远。但是她说:"什么都是从不懂到懂,多请教老师和师兄师姐。烧制结果不如意就找原因,不要轻易言弃。"

工作室就在距离学校不远处,她们课余的时间就会来到工作室创作——与其说是创作,不如说在玩耍。她们会买来长石粉和各种矿物原料自己调制釉色,或者在一些基础釉色上加入氧化铁、氧化锰等进行调色。

但是釉料配方其实是一件很复杂的工艺，首先釉的种类有很多，并且有不同的分类方法，比如说按坯体类分，有瓷釉、陶釉及炻器釉；按烧成温度可分高温釉、低温釉；按外表特征可分透明釉、乳浊釉、颜色釉、有光釉、无光釉、裂纹釉（开片）、结晶釉等。

其次，配釉就像是裁缝做衣服，选用什么样的布，采用什么式样，都要有一个全盘的考虑，给陶瓷制品上釉，也要做一番仔细的研究，使釉料适应于陶瓷坯体的要求。上釉的方式也分为浇、喷、涂各种，都会产生完全不同的效果。而且在烧成的过程中，釉料的厚薄、窑内的温度都会对釉色有很大影响。影响最终成品的因素太多了，每一次烧窑都像是一次冒险。

她们不断地尝试，虽然在制作之前也会有预想和期待，但十次试验有九次都是失败的。她们曾尝试将玻璃碎渣放在陶器的凹面上，企图做出那种晶莹剔透的裂纹效果，但最终以玻璃碎渣太多压塌陶器的失败而告终。但她们从不惧怕这种失败，用朱淑贞自己的话来说就是“只要有一次惊喜就会弥补回来之前失败的伤心。自己调釉很好玩，会有意想不到的效果”。

这个巨蟹座的女生有一种射手座的乐观和双子座的冒险，陶艺对于女生来说并不是一个轻松的活儿，但是她不止一次语气轻快地提到“刺激”“好玩”。三个人的工作室，大家有时会一起讨论合作，但更多的时候，她们都是各做各的，很自由。并且由于她们的“好玩”精神，每次都做不同的尝试，每件成品都是孤品。可以做自己喜欢的事，沉浸在自己的艺术世界里，有三两好友相伴交流，想想实在是一件幸福的事。

她们也会在周末的时候去创意集市摆摊，对于她们的创新，有人欣赏，有人不屑。朱淑贞说在与人交流的时候会听取很多人的意见，但也不会想要改变方向去迎合他人。廿釉工作室成立只有几个月的时间，但是我们看到其中不乏釉色出彩的作品。她们传承了古老的陶艺文化，在观念和技法上又不断尝试创新。这是她们的年轻活力，也是陶艺能够长青的原因所在。

## 习近平寄语青年

青年是国家的未来，是世界的未来，也是中俄友好事业的未来。在座各位同学是俄罗斯青年一代的精英。我期待着越来越多的中俄青年接过中俄友谊的接力棒，积极投身两国人民友好事业。

——2013 年 3 月 23 日，习近平访问俄罗斯，在莫斯科国际关系学院发表重要演讲

青年是民族的未来。哈萨克斯坦伟大诗人、思想家阿拜·库南巴耶夫说过："世界有如海洋，时代有如劲风，前浪如兄长，后浪是兄弟，风拥后浪推前浪，亘古及今皆如此。"看着同学们朝气蓬勃的精神面貌，我不由想起了我的大学时代，那是一个令人难忘的青春记忆。

——2013 年 9 月 7 日，习近平访问哈萨克斯坦，在纳扎尔巴耶夫大学发表重要演讲

青年最富有朝气、最富有梦想。中国的未来属于年轻一代，欧洲的未来属于年轻一代，世界的未来属于年轻一代。

——2014 年 4 月 1 日，习近平在比利时布鲁日欧洲学院发表重要演讲

# 在省直属机关实习的难忘经历

在省直属机关实习是一种什么样的体验呢？今年暑假，我校就有三名学生入选了2016“井冈之星”大学生骨干赴省直属机关实习。2016级艺术硕士熊岩涛、2014级国际经济与贸易专业李韵涵、2014级环境工程专业陈思瑶分别前往江西省委统战部、江西省水电工程局、江西省旅游发展委员会进行为期一个半月的实习锻炼。

全新的工作岗位对于这三位同学来说是陌生的，而如何快速地转变角色，对他们来说也是一大挑战。来到单位的第一天，江西省委统战部便给熊岩涛发了学习材料，“做好工作，先要了解工作”。熊岩涛从这些看似枯燥的材料中寻找到了他们的价值，并把这些材料当成了统战工作的敲门砖，为更好地上手新工作打下了基础。

与熊岩涛一样，李韵涵来到江西省水电工程局新闻中心的第一天也进行了理论学习。工程局的同事们热心地找出了近几年的局报合订本，以便她更加熟悉江西省水电工程局。“这里的报纸和学校的报纸有很大的不同，这里让我走出校园媒体，更加熟悉新闻操作流程，了解了更加完善的新闻体系。”李韵涵说道。除了日常的报纸的编辑工作，还有大大小小的活动、会议，党群工作以及精神文明建设等。遇到不懂的问题，办公室的前辈们丝毫没有因为她是一个学生而吝啬赐教。这让李韵涵学习到了很多在学校里学不到的东西。

陈思瑶亲切地称江西省旅游发展委员会的同事们为大哥哥大姐姐。在旅发委，陈思瑶主要协助参与机关和直属单位的党群工作，同时也兼顾着旅发委纪委、群团建设等工作。“这些工作烦琐而枯燥，但是这对我而言，更是一个挑战。”全新的工作环境和工作内容没有让她猝不及防，而是尽自己最大的努力把每件事情做到最好。

“一杯茶，一支烟，一份报纸看半天。”这是以往大家对机关公务员的印象。“工程局的工作非常忙碌，办公室中甚至没有无线网络，键盘声和电话声不停地响起。别说抽烟了，吃零食、聊天的现象都看不见。”在江西省水电工程局的实习经历，完全将李韵涵脑海中的这种“悠闲”的公务员形象打破了。“有一次连续两周都没有见到办公室的一个同事，我以为他在休假呢，后来才知道他接连出了两趟差，前一天夜里十点多刚从九江回来，第二天早上五点多又出差去井冈山了。”江西省委统战部严肃的工作氛围让熊岩涛更加了解了公务员紧凑的工作节奏以及极高的工作强度。陈思瑶在实习时间和旅发委的同事前往九江修水相关景区调研，每位同事对于江西旅游都有着独特看法和精辟的见解，始终朝着打造“旅游强省”这个目标前行。“在这里,我看到了一群为这个社会、为了我们国家变得更好而努力付出的公务员们的良好形象。”

这次的实习经历对于他们来说并不仅仅是简单的一个半月的实习。他们在这一个半月中,投身社会,与省直机关零距离接触,感受到作为一个机关工作人员的责任与担当,感受到江西改革发展的速度与脉搏。

(文/熊岩涛)

# 刘辉的法国陶艺之旅

## 男孩的梦照进现实

媒体关注

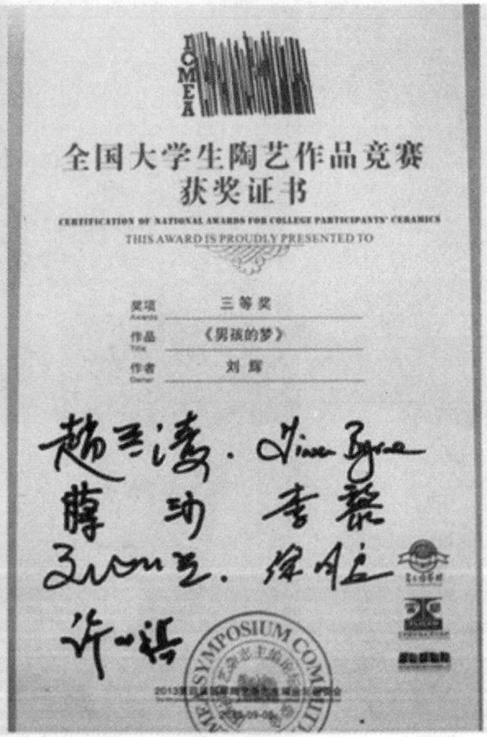


获奖证书

2013 年 7 月，刚从景德镇陶瓷学院雕塑专业毕业并考取母校研究生的刘辉，将发表在《中国陶瓷》杂志的毕业设计作品《男孩的梦》，投稿参加全国大学生陶艺作品竞赛，该作品从 100 件入围奖中脱颖而出，获得了铜奖（金、银、铜奖各一名）。

《男孩的梦》通过中白瓷泥高温烧制而成，没有施釉。效果上既保留了雕塑的肌理感，又使作品显得素净、雅致。该作品还曾荣获景德镇陶瓷学院陶瓷美术学院 2013 届本科优秀作品展银奖。

毕业作品《男孩的梦》

刘辉了解到，大赛主办方将从金银铜奖得主中挑选、资助一名获奖者赴法国与当地陶艺师交流学习，时间为期一个多月，食宿、路费全部由主办方承担。这是刘辉梦寐以求的。刘辉拿“机会总是垂青那些有准备的人”这句话给自己打气。为了学好英语和法语，他查阅了课表，挤时间去主教学楼蹭“法语课”，上课做笔记，下课练习听力。为了不和研究生课程起冲突，他选择两个法语班串着上课，“晚上说梦话，讲的都是法语，那种紧张的感觉，似乎回到了高考备战的岁月”。

2013 年 11 月，刘辉参加了主办方考核：两天之内完成一件陶艺作品的创作，法语及英语的现场对话考核，以及对行为举止等个人素质的综合评估。他都顺利完成了。尤其在面试环节，考官对刘辉的法语水平感到惊讶，当了解到刘辉仅用两个月的课余时间从零开始学习法语并达到眼前的水平，他们被刘辉的求学态度和拼搏精神所折服。最终，刘辉被录取了。

## 《远古系列》与《火中沐浴的豌豆》

2014 年 1 月 14 日，刘辉到达法国克吕尼。他将在陶艺家凯斯坦的工作室为即将举办的中法建交 50 周年纪念活动“中国的回归”艺术展开展创作。

刘辉的创作并不是一帆风顺的。由于创作环境和当地陶泥属性与国内不同，刘辉受到了一些影响，如在学校时，做完一个较为复杂的陶艺雕塑后，可以选择翻制模具,这样能克服一些作品成型的难题。但在法国,如果选择翻制模具的话,一是材料不齐全,二是短时间内会耗费更多的时间,如模具的晾晒、坯胎的修整等。

他想到了盘泥条。这是表现中国陶艺的元素之一。刘辉把自己想象成一个远古人,通过夸张、变形、放大,加入一些现代元素感进去,现代元素和远古手法的碰撞,完成了《远古系列》的五件作品以及《峰》《涌》《风》《泉》四件作品。

在制作《远古系列》时,为了更接近远古时陶器的质地,他选择了先用黑陶泥盘制,等坯胎干透后,喷上一层高白泥浆,局部又刷上了蓝色的金属钴粉。最后,用砂纸打磨,这样坯体上泥条突出的部分就会露出黑陶的底色,其他部分的高白泥和钴留在上面,等烧制完成后,会成黑白蓝三色错落相间,更有一种历史沧桑感。这种上釉方法之前刘辉没有尝试过,是在看了陶艺家凯斯坦的作品后受到启发,凯斯坦在制作过程中也给了他很多指导。

《火中沐浴的豌豆》系列之一

为了突出作品的线条美,《峰》《涌》《风》《泉》四件作品没有上釉。刘辉还创作了一个作品系列取名叫《火中沐浴的豌豆》,他用传统的卷泥片方式,先做出一粒粒豌豆,然后用压好的泥片把这些豆粒包裹起来,放大了豌豆的世界,用写实的手法去塑造它们,姿态各异,有的还没有完全成熟裂开,有的已经迫不及待地跳出来看看外面的世界,有的把衣服打开紧紧地簇拥成一排,在阳光下彼此嬉笑交谈。这组作品用到了柴窑盐烧的方法,没有上釉,完全根据窑内温度和盐化程度来决定最后的烧成状态,如色彩及光滑度等。"正因为这种大的可变性和不确定性,才使创作更富挑战性。"刘辉说。

## 亲历“中国的回归”艺术展

与陶艺家凯斯坦交流学习

正值中法建交50周年之际,2014年2月21日,“中国的回归”艺术展开幕。该活动由陕西富平陶艺村、曲江富陶国际陶艺博物馆、法国“中国在克吕尼协会”、陕西富陶国际陶文化有限公司共同举办。此次参展的艺术家共9人,刘辉是其中之一,还有法国陶艺家Christian FAILLAT(凯斯坦)、摄影家Pierre Plattier(红石)、画家Ludovic Terracol(吕斗)、摄影家Bertrand Lauprete(贝龙)和中国画家吴强、孙亚光、吴华,新华社北京分社高级记者、著名摄影家唐召明。

刘辉和他的作品吸引了法国媒体的关注。克吕尼电视台对刘辉进行了专访,《LE JOURNAL DE SAÔNE-ET-LOIRE》报记者先后4次采访报道刘辉及他的作品。包括法国克吕尼市长在内的法国人民和世界友人,怀着对中法艺术的好奇与热情,纷纷前来参观,络绎不绝。

不少艺术家对刘辉的作品点头称赞,认为刘辉的作品富有想象力和创造性。有的给刘辉提出了建议,一同参展的画家吴强说:“有几件作品看上去素了点,如果考虑下色彩的修饰或许更好。”

“这些陶艺、摄影或绘画作品,无不是艺术家们对生活的记录与感悟。让我开阔了眼界，也对艺术产生了新的认知与思索。我很乐意听到别人的点评，虚心接受别人的意见，希望在今后的创作中加以改进。”刘辉说。

本次作品展出的同时也进行了拍卖，刘辉的《泉》《风》《涌》《远古》系列的两件作品以及《火中沐浴的豌豆》中的一件作品被拍下，售出约合人民币15000元。他把所得资金的15%付给了协会，另外赠送给协会一件《火中沐浴的豌豆》作为答谢和纪念，把《峰》送给了陶艺家凯斯坦做纪念，感谢他在创作期间给予的指导和帮助。

“法国是一个充满浓厚艺术氛围的国家，通过近两个月的学习，我从法国陶艺家那里学到了一些新的知识，也从中悟到了一些从艺之道，比如要接受失败，勇于尝试。有时，创作不是一本正经地去做作品，而是在和泥巴做游戏。感谢我的导师曹春生老师，他的悉心指导为我的创作指引了方向，时常嘱咐我在法期间好好学习，多去见识，要学为所用。这次法国陶艺之旅对我来说是难忘的，我没有让导师失望，父母也为我感到高兴。”刘辉说。

（文/李明文）

**个人简介：**刘辉，男，景德镇陶瓷学院陶瓷美术学院硕士研究生。2011年6月，木雕作品《豌豆》被景德镇陶瓷学院收藏，2013年7月，毕业作品《男孩的梦》获景德镇陶瓷学院陶瓷美术学院2013届本科优秀作品展银奖，并被《中国陶瓷》艺术版选用；2013年8月，获上海“浦宇杯”全国大学生雕塑作品网络投票“入围奖”；2013年9月参加全国大学生陶艺展获三等奖，被陶瓷美术学院推荐参加曾竹韶艺术奖学金展；2013年12月，作品《男孩的梦》获2013中国当代大学生艺术作品年鉴造型类“银奖”，作品《马三立肖像》获2013中国当代大学生艺术作品年鉴造型类“优秀奖”，两件作品同时入编2013《中国当代大学生艺术作品年鉴》。

# 雪雕是这样“铲”出来的
## ——第四届国际大学生雪雕大赛参赛侧记

2012年1月7日，以“青春与旋律”为主题的第四届国际大学生雪雕大赛在哈尔滨落下帷幕，我校陶瓷美术学院09雕塑的韦柳能、陈林森、吴潼、潘西4人组成的代表队，在张嗣苹老师的指导下从世界各地50个团队中脱颖而出，他们共同创

作的作品《状态》荣获此次全国大学生雪雕大赛二等奖。这是我校学子连续3次参加此项比赛以来,获得的最好成绩。

此次国际大学生雪雕大赛参赛信息自发布以来,吸引来自中国、美国、俄罗斯、德国、英国、乌克兰、泰国、中国香港等8个国家和地区的上百支队伍的报名,通过初赛作品的激烈角逐,50支队伍最终入围决赛。

"情理之中,意料之外。"这是他们对此次比赛结果的看法,指导老师张嗣苹说:"此次比赛的参赛队伍实力都比较强,而且据我了解,不少北方的艺术院校开设了雪雕课,因此对于我们来说确实是一个挑战。毕竟是第一次参赛,没有任何经验,当我听到是二等奖的时候心里非常激动,但又觉得这一切是情理之中,因为他们这个团队很优秀,也很努力。"

2012年元旦,韦柳能在中国设计在线网上看到有关雪雕大赛的消息,便召集起关系好的几位同学,准备参加此次雪雕大赛。他们找到指导老师张嗣苹,张嗣苹老师给了他们一些非常中肯的意见,并且大力支持他们参赛。有了老师的指导和支持,他们便迅速投入前期准备工作。没有经验便自己去摸索,没有资料便自己翻阅各类书籍,从网上查阅前三届雪雕比赛情况,并分析、总结了前三届比赛作品的特点。

任何一件成功的作品都需要有好的设计灵感,如何设计出耳目一新、内涵丰富的作品呢?他们四人一边紧张地准备期末考试,一边设计雪雕的图稿,不断地否定、不断地组合,终于在即将出发的那天早上确定了最终设计稿。设计作品取名为《状态》,作品由书、人、机械零件等元素构成,形式上采用机械零件从书本的夹缝暴露出来,一个人在书的封面上方吃力攀爬。整体构成形式意在表达社会现实和文化背景下所暴露的当代人生活压力和文化疲态,通过这种现象来呼吁和强调构建一个更人性、更和谐的生活环境和文化发展空间。

2012年元旦,他们历时38个小时到了哈尔滨。在志愿者的帮助下他们很快熟悉了比赛场地,并养足精神准备投入第二天的比赛中。因为是第一次参赛,对于雪雕的了解也只是来源于网络上的零碎信息。在比赛还未开始的时候,看见其他团队准备的诸多细小工具让他们瞬间傻了眼,而赛事承办方所提供的工具仅仅是每人一把长约一米的小铁铲，这将意味着在未来三天的比赛中，这四把小小的铁铲将是他们唯一的寄望。

工具的限制和恶劣的天气没有阻挡他们四人的信心，遇到无法用铁铲解决的细节部分，他们就向其他的团队借。冰天雪地里，陈林森穿了件单衣在寒风中雕得起劲，他说衣服穿多了不方便活动。或许正是这份热情这种干劲让邻队的成员佩服，一些雕刻细节的工具都愿意借给他们。吴潼在接受我们记者采访时说："这次参赛我们是抱着重在参与的心态，并且我们的每一个队员对彼此都有足够的信心，我们相信自己的实力。"

虽说他们四人学过雕塑专业，但是在面对雪雕这种与平时完全不同的材质时，雪雕的不可重塑性加深了他们雕刻的难度。主办方提供了长3米、宽3米、高3.5米的雪块，尽管进行雕刻的雪块是人工制作并紧密压缩而成的，但是在细小的纹理上还是容易出现小雪片的崩塌松弛等问题，这时候他们总会随机应变，机智地修改原有的设计。为了更好地完成这次创作，他们戴着手套不顾严寒地赶工，每天早上7点左右便出现在雪雕场地上，冷了喝上一口志愿者递过来的热姜汤，实在不行了进暖房里热乎一会儿便又赶到场上继续未完的工作。手套被雪水浸湿了毫无知觉，专注地看着眼前的雪，一心想要刻出更美的作品……对于吃惯了米饭的他们来说，北方的面食需要他们去适应，但他们都尽力克服了这些困难。并不需要多么明确的分工，每个人都很清楚自己该做什么、怎么做，如何做到最好，依靠着对彼此的信任、默契和实力以及四把小小的铁铲，就是这样的一个团队，在和来自世界各地的团队比拼中取得了非常优异的成绩。

在这四天的时间里，最紧张的时候莫过于比赛结果公布的那一刻，当天下午韦柳能、吴林森、潘西、吴潼以及张嗣苹老师紧张地等待着，这是将近20天的奋斗结果，这里寄托着的是他们四个人的希望与热情。当主持人宣布"二等奖的获得团队有：景德镇陶瓷学院代表队……"时，大家情不自禁地击掌欢呼起来，无论之前多么辛劳，这一刻都觉得是值得的。

吴潼说："我们要相信自己，相信伙伴。人生中就会有一把神奇的小铁铲，它可以创造你想要的艺术境界，只要你牢牢地握住它，好好地利用它，它就是无价的艺术品，这段美好的参赛经历，值得我们永远珍藏。”

因为信任，才有了赛场上的默契；因为自信，才有了小铁铲创造的奇迹。这是他们用智慧和情谊演奏的一曲乐章，用信任浇灌的荣誉花朵，也是为陶院争来的荣誉。

（文/蒋友珍　肖艺）

# 第四篇 力行

要知行合一、做实干家，面向实际、深入实践，严谨务实、苦干实干，在新时代干出一番事业。

广大青年要以社会主义建设者和接班人的使命担当，为全面建成小康社会、全面建设社会主义现代化强国而努力奋斗，让中华民族伟大复兴在我们的奋斗中梦想成真。

——2018年5月2日，习近平总书记考察北京大学

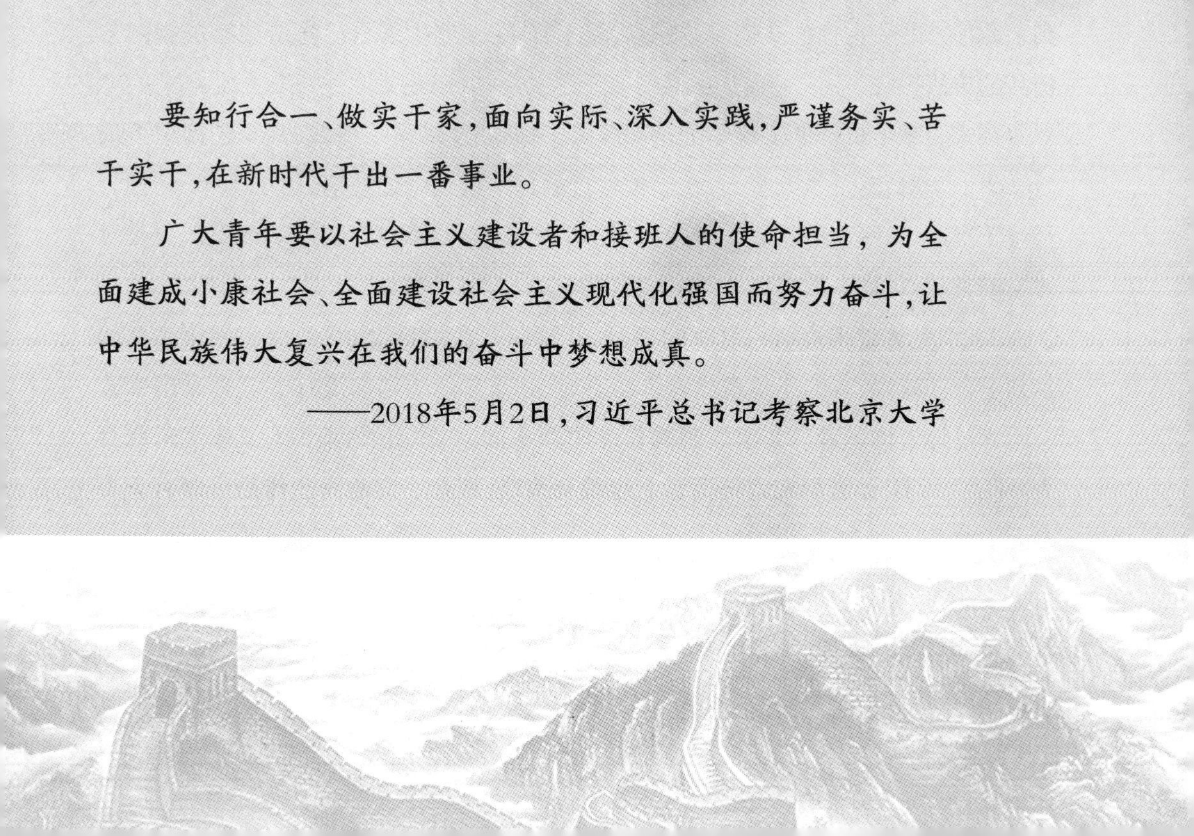

# 瓷上的精彩　绽放的梦想
## ——景德镇陶瓷学院毕业生创业掠影

景德镇陶瓷学院是我国唯一一所以陶瓷为特色的多科性本科高校。近年来，该校充分发挥地处千年瓷都景德镇的基地办学优势，秉持“脑手并用，科艺结合”的办学理念和“诚朴恕毅”的校训精神，形成了第一、第二、第三课堂衔接互动的实践教学模式和“创意、创新、创业”的文化教育氛围，激励着众多学校毕业生勇于创新、敢于创业，孵化出了“乐天陶社”“圣罗帝景创意一条街”“湘湖街陶艺村”等。这些创业的毕业生已成为重振瓷都辉煌的生力军。日前，记者走进几位该校毕业生的工作室、公司、厂房，用镜头记录下他们工作的场景。

### 孙家晨：柴烧技艺的迷恋者

在景德镇湘湖村的一个院落里，孙家晨正在整理自己烧制的陶艺作品。四年前，他从内蒙古考入景德镇陶瓷学院，学习陶瓷艺术设计。一次偶然的机会，他看到了质朴、浑厚、古拙的柴烧陶艺作品，爱不释手，便萌生了自己建造柴窑烧制陶艺作品的想法。

孙家晨拿出自己勤工俭学的全部收入，又向朋友借了一些钱，甚至还挪用了最后一年的学费，凑了 5 万多元，在学校附近的村子租到一处院落，用了半年多时间，经过 3 次返工，终于搭建好一座“高效无烟”的柴窑。烧窑除了技术和经验，更是对体力的考验，每烧一次窑要三天三夜守在炉边。

“我清楚地记得烧第一窑时的情景，开窑前守在炉口，当看到百十件作品有的达到了预期效果，有的还呈现出意外精彩时，一点累的感觉都没有了。”孙家晨带着一脸满足地告诉记者。柴窑烧制的作品与众不同，一位老乡问小孙：“你这东西有人要吗?”其实，孙家晨在宣传营销上也很有策略，现在一窑的陶艺作品可以有 2 万多元的收益。

## 周士祚:团结合作让我成功

来到周士祚刚刚注册不久的公司新址,一层是车间,二层是办公室、质检室和仓库。

2010 年从景德镇陶瓷学院毕业的周士祚,通过市场调研了解到当时景德镇有数千家陶瓷公司、作坊、工作室,但从事“耙花”生产的仅有十几家。耙花是景德镇的传统制瓷工艺,市场需求大,前景广阔。周士祚认准了这个项目,便和朋友合作开了一家“耙花”作坊,采取产品自己设计、委托加工、自行销售的模式。这种模式在创业初期取得了不错的成效,但随之出现交货期不稳定、质量无法保证等问题。今年 4 月,周士祚和大学同学张宇、刘少帅、王饶伟一起创办了新的公司,从设计、加工到销售全部自己完成。

在公司一层的车间里,新员工正在接受培训。“我们公司计划招收 80 名员工,以在校的大中专学生为主。这样做,一是考虑到文化层次问题,同时也是为在校学生提供勤工俭学的岗位。”周士祚说。

## 郑欣荣:创意创新赢得市场

三轮车送货回来。瘦削的身材、清秀的面容,让人看不出他是已经在商海中磨炼好几年的小老板。跟随郑欣荣走进 1700 平方米的厂房,里面数以万计的陶瓷风铃、创意茶杯、花盆、花器等琳琅满目。

郑欣荣去年才从景德镇陶瓷学院毕业。为减轻家庭负担,他从大一就开始尝试创业，把陶瓷风铃作为主要产品，到毕业时已积攒下 20 万元。当他离开校园正准备大干一场时，景德镇的陶瓷风铃市场却急转直下。面对考验，他从提高产品的质量和创意入手，在去雕塑瓷厂创意集市摆摊的同时，建立网上销售平台，不断拓展销售渠道，不但渡过了难关，订单也逐渐多了起来。

除了陶瓷风铃，郑欣荣还推出了手工创意杯子等陶瓷产品。“现在创意杯子销售特别好，我们团队中的设计师会根据年轻人追求时尚的心理，及时更新产品式样。另外，手工制作、学生创意、物美价廉，也是我们的卖点。我的目标是一年流水 500 万元。”郑欣荣自信满满地说。

新闻·视觉　04

瓷上的精彩　绽放的梦想

——景德镇陶瓷学院毕业生创业掠影

团结合作让我成功

孙家晨：柴烧技艺的迷恋者

郑欣荣：创意创新赢得市场

摄影专题

（本文原载于《中国教育报》2015 年 7 月 6 日　中国教育报记者　鲍效农/摄　中国教育报记者　徐光明　通讯员　李明文）

# 班级友谊唤回生命奇迹

张良清，2011 年 6 月毕业于景德镇陶瓷学院，由于不慎摔伤昏迷了整整 10 天 10 夜，在班级师生的关爱与父母的呵护下终于苏醒过来。医生说，这创造了生命的奇迹。创造这一奇迹，不仅得益于医生精湛的医术，父母贴心的呵护，更得益于张良清所在的温暖、团结的班集体——景德镇陶瓷学院机电学院 2007 级材料成型班全体师生的深情呼唤与无私关爱。

## 祸 从 天 降

2011 年 6 月，刚刚大学毕业的张良清怀着对未来的美好憧憬，应聘到广州一家公司工作。然而，工作不到一个月，7 月 16 日早上，睡梦中的张良清不慎从公司宿舍一米多高的床上跌落下来，只听见“咚”的一声，张良清的头部重重地摔在了地上，即刻失去了知觉……

7 月 16 日晚 10 点，经过 10 多个小时长途奔波，张良清的父母赶到了医院，二人被眼前的情景惊呆了——透过厚厚的玻璃，他们看到儿子脸色蜡黄，头上裹着厚厚的纱布，静静地躺在手术台上，生命体征已很微弱。夫妻二人失声痛哭……

7月16日至20日，这是最难熬的4天，张良清的病情极不稳定，随时都有可能恶化。主治医师王震奎说，像张良清这样因摔伤处于昏迷状态的病人，在手术后，急需要亲人、朋友的呼唤，才可能早日清醒过来。

7月20日至22日，张良清父母守候在儿子旁边，开始和儿子说话、讲故事，希望唤醒“沉睡”的儿子，但夫妻二人一直说到口干舌燥，张良清也没有任何反应。再这样拖下去，张良清不仅随时有生命危险，而且即便是最终醒过来，也可能会留下后遗症。

## 生死救助

张良清的父母由于担心儿子的病情，寝食难安，7天下来累得精疲力竭，濒临绝望。无奈之下，张良清的父亲想到了张良清所在班级的老师和同学。

抱着试一试的心态，张良清父亲用张良清的手机群发了短信，“张良清头部重伤，头颅开刀两次，至今7天未醒……”

张良清所在的景德镇陶瓷学院机电学院2007级材料成型班的同学被这个消息所震惊。班主任李明文收到短信后，立即打电话给张良清父亲询问情况，并动员在广州、东莞、佛山等地工作的学生们去探望张良清，陪他说话，希望用4年的同窗之情唤醒张良清！

短短两天，20多名同学从珠海、佛山等地匆忙赶到广州，有的同学向公司请了长假，日夜守护。看着躺在病床上失去知觉的张良清，大家都悲伤不已，有的女生忍不住哭了起来。

张良清的病情实在太严重，医生只允许亲友们下午4点到5点与张良清见面。探望的时间到了，同学们围着张良清，抓紧每一分每一秒，深情地呼唤着张良清的名字，向他讲述大学4年一起经历的最难忘的点点滴滴……

也许是同学们的真诚感动了张良清，7天没有任何知觉的张良清，这时，眼角竟然流出了泪水！他在心底已经可以感觉到大家对他的关心。

7月24日，又有一批同学赶过来探望。到了下午4点，大家再一次开始了深情的呼唤，这一次，张良清反应更加强烈了。一只手做出了想抚摸同学的动作。看到这种情景，张良清的父母和在场的同学非常欣喜。

# 大爱有声

张良清的父亲通过张良清的 QQ 在班级的群里通报了最新情况。得知消息后,很多不能到广州探望的同学纷纷发短信给张良清的父亲,并委托去医院看望的同学读给张良清听。

——"小良子,我是黄健彦,我现在在南昌,实在抱歉不能去看你,你还记得大一的时候,我、你还有李明三个人天天在一起调侃与欢笑吗,你说毕业前你要学习知识积累人脉,5 年后你要自己去开创一番事业,你的事业才刚刚开始,希望你早日康复! 小良子,我们都在你身边为你加油……"

在医院的同学和张良清的父母一起念同学们发来的短信,张良清的反应越来越强烈了,他的眼角溢满了泪水,并在尝试努力睁开眼睛。

7 月 25 日凌晨 5 点,张良清入院第 10 天,一直守候在张良清身边的父母看到,昏睡了整整 10 天的儿子终于醒过来了,正望着他们两个,这是他们夫妻二人这些天朝思暮想的一刻!

"你知道我是谁吗?"张良清的父亲激动地问道。

"知道。"张良清虚弱地答道。顿时,张良清的父母喜极而泣,抱头痛哭。在场的同学看到此情此景,也激动地流下了泪水。

医院的医护人员说:"这是生命的奇迹,是班集体的浓浓友情硬把他从死神手里夺了回来!"

张良清的父亲激动地给班主任李明文和同学们打电话,"张良清醒过来了! 谢谢你们! 班集体友情的力量太伟大了! 你们是张良清的救命恩人!"

现在,病情逐渐好转的张良清还在康复中,班上的同学轮流在医院守候。

(本文原载于《中国教育报》2011 年 9 月 7 日　本报记者　徐光明　通讯员李明文)

# 陶瓷美术学院学生遗体捐献造福他人

“我就是一棵小小草，只要给我一滴滴水，我将把我最美好的一面展现给这个世界。”这是宋程生前经常说的一句话。

6月6日深夜，一位优秀的大学生宋程，因患卵巢癌不幸离世。她生前坚定地做出了决定：无偿捐献自己的器官和组织，尽自己的能力换来他人的健康和光明。去世后，她的父母流着泪按照她的遗愿，完成她人生最后的心愿。

宋程生前是景德镇陶瓷大学陶瓷美术学院2014级陶瓷艺术与设计专业的一名学生。6月15日，受学校领导委托，陶瓷美术学院党总支书记孙传文、班主任赵浩政、辅导员彭天旺和两位同学代表王智元、郑好来到她的家乡上饶市，看望她的父母，并且倾听了她生前不为人知的事迹；同时前往南昌西山万寿陵园她的墓前祭拜。

## 坚定选择

宋程是江西省上饶市信州区人，今年21岁，是家中独女。她的父母都是下岗工人，收入微薄，家庭经济的贫困并没有磨灭她坚强的意志力，她从小就是一个懂事且勤奋好学、积极向上的好女孩。

6月6日晚上11时，宋程由于卵巢癌细胞扩散造成肠梗塞，病情急剧恶化，在上饶市自己家中病逝。在此之前的4月6日，她就主动同上饶市红十字会工作人员联系，坚定地在《江西省遗体捐献志愿登记表》上签字：无偿捐献自己的器官和组织，尽自己的能力换来他人的健康和光明。她的父母商议后流着泪艰难地做出决定：按照她的意愿，尊重她的选择，无偿捐献宋程的器官和组织，造福社会。

“如果捐献眼角膜能换来别人的光明，那就让受捐者帮我看看这个美丽的世界，同时也算是我为这个社会做的一点点贡献吧！”这是宋程生前留下的遗愿。这是简简单单的一句话，留给我们的却是她对这个社会的大爱。在她刚刚去世时，她的父母流泪告诉上饶市红十字会工作人员：立刻捐献眼角膜。经上饶市红十字会联系，省红十字会迅速派工作人员赶往上饶市，接受眼角膜组织捐献。6 月 7 日凌晨 3 时，眼科专家评估宋程的眼角膜后，实施完成眼角膜摘取手术。上饶市红十字会和江西省红十字会工作人员向她的父母送上《中国人体器官捐献荣誉证书》，褒扬宋程在去世后捐献器官和组织，恩泽患者，造福社会。

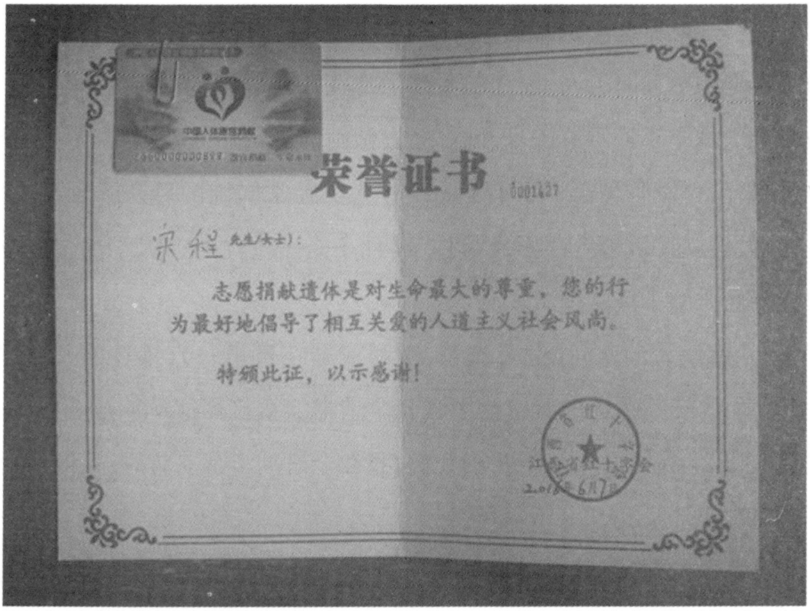


江西省红十字会荣誉证书

宋程患卵巢癌，由于医学要求，除了眼角膜组织，其他器官不能用于移植。她的父母向上饶市红十字会提出申请，无偿捐献宋程的眼角膜，给受捐者带来光明。6 月 15 日，江西省红十字会遗体捐献协调员曾强告诉她的父母和学校老师，她的眼角膜已经成功移植给两位受捐者，给他人重新带来了光明。由于器官和组织捐献的双盲性原则，具体受捐者不能告诉捐献者家属。

## 天妒英才

“天妒英才。”这是宋程母亲程丽珠同我们说的最多的一句话。

宋程的母亲程丽珠含泪告诉我们：“宋程中考时考了 508 分，没有达到上饶市重点中学分数线，她选择了就读一所中专学校。”一次偶然的机会，学校的一位老师发现她很有画画的天赋。他迅速将她的情况告知她的父母，强烈建议让她回去读高中，同时培养她画画的艺术本领，否则埋没了一位优秀的学生。回到高中后，她的父母为她找了一位私立学校的美术老师，通过老师的指导和她自己的刻苦努力，高考取得了优异的成绩。“按照当年的录取分数线，宋程可以选择上海的高校，但她坚定地选择了景德镇陶瓷学院（景德镇陶瓷大学）陶瓷艺术与设计专业，而且六个志愿全部都是报考景德镇陶瓷学院，她从小都很有自己的主见。”她的母亲说。

由于父母都是下岗工人，宋程的父亲经常在外开车，母亲在自己家附近一所单位做清洁工。每逢寒暑假节假日，她都会去帮她的母亲到该单位做卫生清洁，不怕脏也不怕累，没有任何怨言。该单位的工作人员经常同她的母亲开玩笑说：“你的女儿真懂事，不仅脏活累活都愿意帮你，而且还是一位优秀的大学生，如果我有这样一位懂事优秀的小孩就好了。”

“宋程在就读大学期间，学习刻苦，学习成绩在班里一直排在前几名，积极向上，团结同学，入学不久就向我提交了入党申请书。本打算这学期推荐她为发展对象，没想到这么优秀的学生就离开了我们，我和全班同学都非常难过和悲痛。”她的班主任赵老师说。

“对于宋程的离去学校的老师和同学都很难过和悲痛，家长失去了一位好女儿，学校失去了一位优秀学子，社会失去了一位艺术人才。她的行为带给我们和社会太多的正能量，我们为她的行为感到敬意，为我们学校有这样优秀的学子感到自豪。”陶瓷美术学院党总支书记孙老师表示。日前，景德镇陶瓷大学党委书记郭杰忠、校长江伟辉、副校长吴本荣听到宋程同学的感人事迹后，深深为她的离去感到悲痛，同时对她的行为甚为感动，学校研究决定将她当年的学费全额退还给她的父母，学校还给她的父母送去10000元慰问金。虽然学校老师和同学力量不够大，但希望能给她的家庭带去些许的温暖。

## “落叶归根”

“我希望将自己的骨灰放在由江西省红十字会提供的南昌西山万寿陵园内，那里是我的另一个家，是我的天堂。”这是宋程生前告知她父母的心愿。

“我的女儿是一位坚强、孝顺的好女儿。5月下旬从省城医院回到家中，医生当时告诉我们,宋程回家之后可能只有几天生命,但她坚强地挺过了二十多天,非常痛苦的一段时间,主治医生都说她非常坚强。由于癌细胞的扩散造成肠梗塞,她每天只能摄入约三分之一瓶的纯净水,甚至最后三天加起来只喝了一百毫升的纯净水,即使疼痛的时候也只是轻轻地和我说一句:'爸爸,我有点痛,我去休息一下。'她是这么的坚强。重病期间,她还不忘给我们在网上购买衣服,希望为我们留下更多的礼物。刚去读大学的时候,她知道我很想买一辆小汽车,她就和我说:'爸爸,你不要羡慕别人,等我毕业工作了,我挣的钱首先要给你买一辆小汽车,我们一家人开车出去旅行。'我的女儿对我们真的很孝顺。"宋程的父亲宋景军泣不成声。

宋程是一位非常善良、细心的女孩。对于她的离去,为了不让大学室友同学感到害怕,她还强烈要求她的父母不要告诉同学们,就告诉同学们说她需要办理休学,这是一个善意的谎言,更是一个善良女孩的心声。生前她还告诉她的父母:"我生病的事不要告诉学校的老师和同学,我不希望老师和同学来看我,我不希望他们看到我现在的精神面貌,我希望在老师和同学们的心里留下的是一个健康、乐观、阳光的女孩。""她是一个爱笑的女孩,一个为大家带来灿烂阳光的女孩;她是一个很有志向的女孩,学习起来特别认真,是我的学习榜样。虽然她离开了,但她那甜美、可爱的笑脸却永远留在了大家的心里……"宋程的同学王智元眼眶已经红了。

"她打算将自己的骨灰放在南昌西山万寿陵园遗体捐献纪念园内,我们也很放心,等我们百年以后,最起码还会有人去为她扫墓,也许那里就是她真正的根!"宋程的母亲程丽珠流着泪说。

## 特殊告别

6月16日上午,在江西省红十字会遗体捐献协调员曾强的陪同下,学校老师和同学代表来到南昌西山万寿陵园江西省红十字会遗体捐献纪念园内宋程墓前祭拜和默哀。曾强告诉我们:"宋程是我见过的最坚强的女孩,她用她的行为告诉了我们什么是大爱,她是景德镇陶瓷大学的骄傲,她用自己的生命给我们和社会传播了正能量。"正如中国人体器官捐献管理中心所要传递的大爱精神一样,宋程的行为就像纪念园内主题雕塑所传递的寓意一样:当生命不可挽回的时候,让我们用另一种方式挽救和改善他人的生命，将自己生命的句号改写他人生命的省略号，象征着人生的“为爱而生，因爱永存”的精神永放光芒。

景德镇陶瓷大学师生代表祭拜宋程

（文/赵浩政　彭天旺）

# 爱心社:20 年爱心接力传递

他们是一群从五湖四海来到景德镇求学的年轻人,在刻苦学习的同时,他们扶危济困乐于奉献,他们关爱校园心系社会。处处以雷锋为榜样,人人争为时代先锋。他们的爱心,影响并感动了景德镇这座城市 20 年。

铁打的营盘流水的兵,当一届届陶院学子学有所成,把爱心从陶院带往各地的同时,又不断有“新鲜血液”加入进来。就这样,爱心的旗帜在一届届陶院学子手中传递。

5 月 31 日,是景德镇陶瓷学院爱心社成立 20 周年的日子。这天,历届社员们回到母校。第二届爱心社社长辛琪说,爱心社让我们在奉献的过程中,实现了爱的梦想,成就了我们青春最美好的记忆。

## 与北大爱心社同为首批高校青年志愿者组织

1992年,辛琪考入景德镇陶瓷学院。在众多学校社团中,他选择了学雷锋小组。作为爱心社的前身,校学雷锋小组成立于1987年,1991年被共青团江西省委授予“学雷锋先进集体”。

“我觉得能够加入这个为他人服务的学生组织,是件非常有意义的事情。”辛琪回忆,当时小组成员虽只有几十名,但大家志愿服务的热情非常高,经常在校内开展修理自行车、清洁校内环境、照顾孤寡老人等活动。辛琪还记得,当时小组一直尽心照顾一位孤寡老人,受到了学校的表扬。

1993年,学校在学雷锋小组的基础上成立了爱心社。爱心社以“立足校园、服务社会”为活动原则,以“奉献爱心、呼唤爱心、宣扬爱心”为活动宗旨,成为与北京大学爱心社等同时间成立的全国高校第一批青年志愿者服务组织。时任党委书记、院长秦锡麟教授担任名誉社长。

在学校领导的重视和关心下,爱心社的规模和影响力不断扩大,成员从每年几十人逐渐发展到每年几百人,至今拥有社员5000余名,开展志愿服务1000余次。20年来,爱心社的组织结构和管理机制不断完善,拥有了章程、社旗,形成了常委会、理事会、社员大会三级组织管理形式,设置了组织部、宣传部、生活部、天使部、外联部、敬老部和文体部等七个部门,并形成了爱心捐赠、爱心义卖、爱心回收、爱心认领、爱心敬老、爱心绿色环保、爱心晴雨表、爱心义务家教、爱心献血以及校运动会志愿者、预防艾滋病宣传等多项品牌活动。爱心社先后被授予“江西省优秀青年志愿者组织”“江西省学习雷锋志愿者服务先进集体”“‘中国大学生志愿者扫盲与科技文化服务行动’优秀志愿者服务队”等荣誉称号。

## 坚持是一种品格

爱心社在景德镇陶瓷学院30余个学生社团中有着“三最”之称:成立时间最长,有着20年的“社龄”;拥有成员最多,每年有近300人参与;影响最为广泛,课堂、宿舍、校园,到处都有他们的爱心身影。

“你知道或不知道,它就在那里,不远不近;你看或不看,它就在那里,不早不晚;天晴或下雨,它都在那里,不离不弃。”这是学生在微博上晒出对爱心晴雨表的笑侃。

为方便师生了解天气情况,1993 年开始,爱心社在学校海报栏旁边悬挂爱心晴雨表,由爱心社专人负责,每天准时更新天气信息,风雨无阻。20 年来,除寒暑假外从未间断,至今共预报天气 5000 余次。尽管如今通过手机就能轻易知道天气信息,师生们在上课或去食堂的途中经过海报栏,还是会不自觉地看一看爱心晴雨表,这已经成为一种习惯。“爱心晴雨表让你觉得时刻被人关心,它已经不是简单的一种讯息,而是爱心和温暖的传递。”有同学这样评价。

对第八届社长沈南来说,爱心社最苦的工作要属爱心专递。1999 年,他一加入爱心社,就被分在爱心专递部。“我们的工作就是到收发室去领回无法处理的、地址有误或不详的信件或包裹,然后按着邮件上的姓名,逐个对照全校师生的名单,最后把信件准确无误地送到老师和同学们手中。”

从全校几千名学生中找出学院、姓名、班级,本就不易。一旦遇到重名的情况,就更如大海捞针。有的名字在学校有几十个,社员们就得逐一打听核对,甚至得多跑十几趟。有些同学使用化名或网名通信,社员们便张贴海报,让同学们与爱心社联系。有时景德镇其他高校的信误投到学校,社员们就骑自行车或坐公交送过去。

有一次,沈南和另一个同学去景德镇高专送信,途中突降暴雨,当几乎淋成落汤鸡的他们,怀揣着完好无损的信件,出现在景德镇高专的同学面前时,对方惊讶感动得几乎说不出话来。“每当看到同学们拿到信件喜出望外的神情,感受到他们发自内心的快乐,我们觉得付出非常值得。”

从第十届开始,为提升工作效率,爱心社增设了信件服务台,把确实难以查找的信件摆上服务台,让同学们前来认领,更加快捷地收到信件。20 年来,爱心社为师生送信件达 1 万余件。

让我们再来看这些数字:从 2003 年开始,爱心社每年购进一批小商品在校内义卖,至今筹集善款 6000 余元。2001 年至今,1300 余名社员参与爱心回收,定期到寝室回收矿泉水瓶、衣物、书籍等物品,共回收塑料瓶 8 万余个,筹集善款近万元。

一滴水里见阳光。爱心社的志愿服务看似普通、平凡,却在 20 年的不懈坚持中,体现了从身边做起、从点滴小事做起的爱心和诚心,体现了持之以恒的信念和毅力。

## 接力是一种责任

对江西师范大学毕业生陈苗来说,爱心社这三个字,将永远铭刻在她的人生中。为了庆祝爱心社 20 岁的生日,陈苗专门请假从外地赶回景德镇,与其他受助对象一起,在座谈会上分享了他们与爱心社的故事。

2002 年夏天,爱心社来到浮梁县湘湖镇桂花村开展“暑期三下乡”社会实践活动。在走访村民的过程中,社员们了解到村里有个叫陈苗的小女孩,家庭非常贫困,父亲身体不好,母亲丧失劳动能力,全家仅靠养鸭子的微薄收入维持家庭。家中唯一值钱的破房子在 2000 年的一场大雨中倒塌,连被褥都不够用。无奈之下,2001 年,还在上初一的陈苗只好辍学在家。但她是个好学的孩子,非常渴望上学,常常一个人抱着英语课本自学。社员们随即来到陈苗家,看到陈苗渴望而忧伤的眼神,社员们决定要帮助这个小女孩圆上学梦。

秋季一开学，爱心社立即在全校发起了向陈苗捐款的募捐活动，共募集一千多元捐款，一下子解决了她三年的学费问题，使得辍学一年的她重返校园。从2002年到2009年的七年间，爱心社每年都为陈苗捐款、捐衣物、送学习用品，共计12000余元，帮助她顺利完成了高中学业。

“爱心社的哥哥姐姐为了让我爱心读书，千方百计地为我解决经济上的困难，还不断在精神上鼓励我，利用周末帮我辅导功课。我永远都不会忘记。”座谈会上，陈苗无法抑制内心的激动而落泪。八年里，爱心社的社员们换了一届又一届，但对陈苗的资助从未间断。有的社员毕业之后，还经常打电话回来询问陈苗的情况。2009年7月，陈苗顺利考上江西师范大学。

毕业后，陈苗被宜春一家四星级大酒店聘用，从事酒店管理工作。“知识改变命运，爱心社圆了我的大学梦，也给了我一个精彩的人生。”陈苗说，她所能做的，就是将心中的感恩转化为爱心，去帮助那些像她一样需要帮助的人。

座谈会上，家住陶阳南路的80多岁的余大爷向大家展示了他的日记本。里面密密麻麻地记录的是爱心社13年来看望他的次数以及帮扶内容。

2002年，余大爷患青光眼需要做手术，两个子女均在外地工作，身边连个照顾的人都没有。余大爷正忧心之时，爱心社正好来到陶阳社区开展志愿服务活动。得知了余大爷的烦恼后，社员们决定在余大爷手术期间轮流看护并照顾他。两周后，余大爷康复出院，从此与爱心社结下了不解之缘。每逢节假日，社员们都会拎着水果去看望他，陪他聊天，收拾家务。有几次，余大爷的子女不能赶回来过年，几个社员主动放弃回家过年的机会，留在景德镇陪余大爷共度春节。爱心社每一次换届，老社长总会带着新社长来到余大爷家，把新成员介绍给他认识。

“他们不是我的子女，却胜似我的子女。他们13年的陪伴，给予我这个孤单的老人快乐和幸福，让我有了一个温暖的晚年。”余大爷的心声让在场所有人动容。

就这样，20年来，一届届社员们接过爱心接力棒，在实际行动中传递了温暖、力量和梦想，让爱心之路、爱心之梦延续。成立至今，爱心社去敬老院看望孤寡老人80余次，捐助衣物以及生活用品约3.5万元；每年有100余名社员参与义务家教，共辅导小学生1100名，累计家教课时量达5100小时；共组织30支暑期社会实践队，深入乡村和社区开展文艺演出、法律宣传等志愿服务。2002年至今组织志愿者献血1217200ml，相当于约240人的人体血量总和。2009年，爱心社被评为江西省首届十佳青年道德集体，省内仅两所高校志愿者组织获此殊荣。

## 精神是一种力量

“爱心社在奉献爱心的同时，还完成了一个重要使命，就是宣扬爱心、传播爱心。”景德镇陶瓷学院党委宣传部部长曾德生认为，爱心社20年来积极传播志愿服务的理念，成功打造了爱心文化，并将其融入到校园文化与社会文化中，起到了积极的效果。

在爱心社的辐射和影响下，近年来，景德镇陶瓷学院红飘带、绿色服务团、常青藤、螺丝钉等青年志愿者组织如雨后春笋般成立。学校现有青年志愿者组织12个，每年拥有2000余名志愿者，开展志愿服务活动100余次。

爱心文化与校园文化的融合，促进了“崇德尚学、陶冶成器”的大学精神的渗透与传承，奉献、感恩、自强、回馈的理念深入师生内心。多年来，许多知名校友在校内设立奖学金，帮助品学兼优的贫困学生。学校至今已有以校友名义设立的奖学金10余项。2008年，各界校友共同捐资700多万元成立了景德镇陶瓷学院教育基金会，成为江西省高校中唯一一个教育基金会，至今已资助200余名学生，颁发奖学金60余万元。

受到资助的学生饮水思源，自立自强，先后连续涌现了四届“全国大学生自强之星”。2008年，4名获得国家奖学金的同学主动捐资10000元成立“爱心互助基金”。之后，每年先后有18名国家奖学金获得者主动找到爱心社，为爱心互助基金注入资金约3.6万元，共资助贫困学生57人。

在校外，爱心社长期对接服务的5个社区，4个街道，先后成立了由社区居民组成的志愿服务队，为社区提供了更加便捷的志愿服务。四川芦山地震发生后，100多名社会人士响应爱心社爱心微博的倡议，共同捐资购买帐篷寄往灾区。爱心文化的社会影响力正在不断扩大。

今天，对再次回到母校的社员们来说，这是一次爱的溯源之旅。他们共同构筑的那个爱心梦想，在20年的爱心传递和薪火相传中，得以实现和延续。

关于下一个20年，新一群年轻人又有着新的期待。现任社长龚家龙说，爱心社今后的目标是走出校园，走出江西，与全国其他青年志愿者组织合作，共同打造志愿服务品牌，进一步提升爱心社的社会影响力。

这个梦想是一个新的起点，它是上一个20年梦想的延续，又将汇聚更多人的梦想。

（本文原载于《江西日报》2013年6月6日 文/计颖）

# 陶院学子齐救白血病人

2014 年 11 月 29 日晚 7 时,景德镇第三人民医院血液科内,一袋刚从景德镇血站采集的 O 型血小板正在输入到白血病患者占银桃体内,她的身体指标逐渐好转。捐献血小板的是我校信息工程学院 2013 级计算机科学与技术专业吕坤泰。

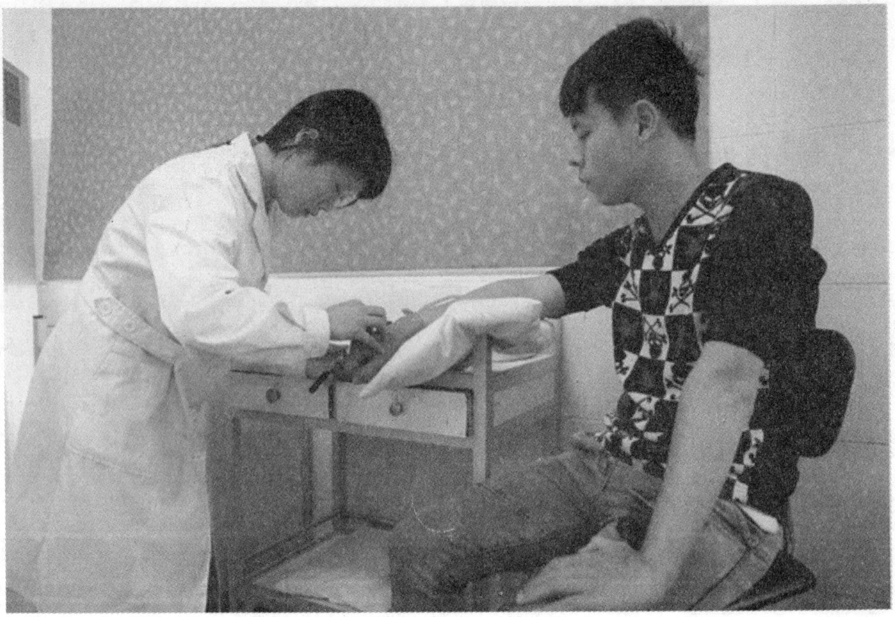

占银桃今年 50 岁,江西鄱阳高家岭镇人,于 2014 年 11 月 16 日在景德镇第三人民医院被查出患有急性白血病,化疗后,急需 O 型血小板维持生命。可此时景德镇中心血站 O 型血小板短缺,患者家属联系了 30 多位亲戚朋友前来捐献,但没有一人通过小样检查。情急之下,患者家属通过朋友联系到了我校工会老师,把救治病人的希望寄托到陶院师生身上,工会老师将这一情况告诉了学生工作人员,消息很快通过志愿者社团的 qq 群和校报记者团微信进行转发。3 小时后,有 4 个同学主动联系了患者家属。“接到陶院学生打来的一个个电话,我们的心里一下子安定了不少,觉得亲人有救了。”患者家属余先生激动地说。

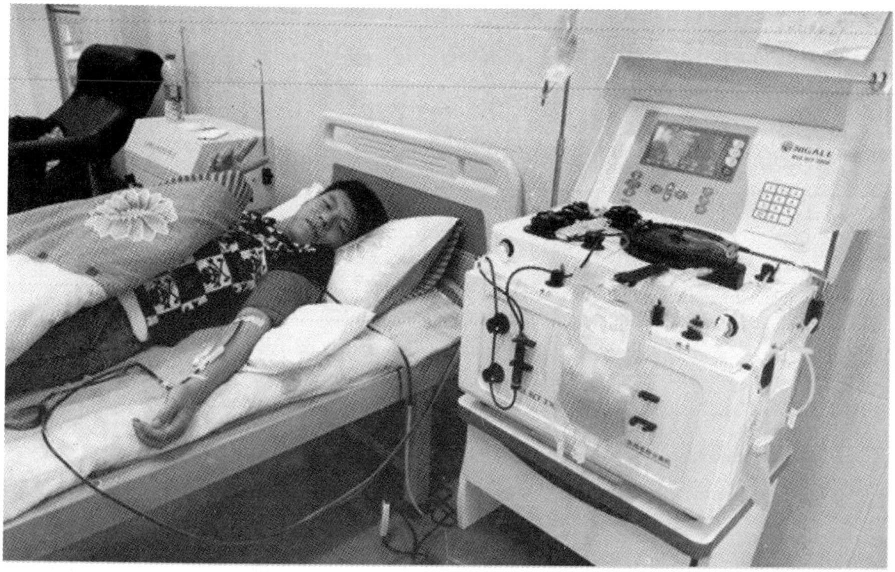

11 月 29 日上午，吕坤泰来到景德镇中心血站，通过化验后，捐献了 208ml 血小板，这是我校第一个符合条件的志愿者。连日来，我校计算机科学专业 2 班严燕平、王浩玉，2014 级法学专业兰淑雯等 5 名学生先后来到了中心血站进行检验，但因血型不匹配或体重不达标等原因未能捐献；截至发稿时，2012 级无机非金属材料专业朱亚蓓已与患者家属取得联系，将于近日去景德镇中心血站，为患者提供帮助。“我们很感激陶院的同学们，正是他们的爱心行动，让我们看到了希望。”患者家属说。

据景德镇中心血站工作人员介绍，捐献血小板除了血型相符合外，还须满足男性体重要 55 公斤以上，女性体重要 50 公斤以上，健康状况良好，一年内没有动过大手术，血管不能太细等条件，并通过小样检查。

“每年都有千余名陶院师生积极参与到无偿献血活动中来，还有部分同学加入到成分献血的队伍中，如材料学院毕业生赵双根捐献了 10 余次血小板，还有一名不愿透露姓名的大三学生今年已经捐献了 3 次血小板，他们已经成为我们这里的‘熟客’，陶院师生好样的！”景德镇中心血站汪医生说。

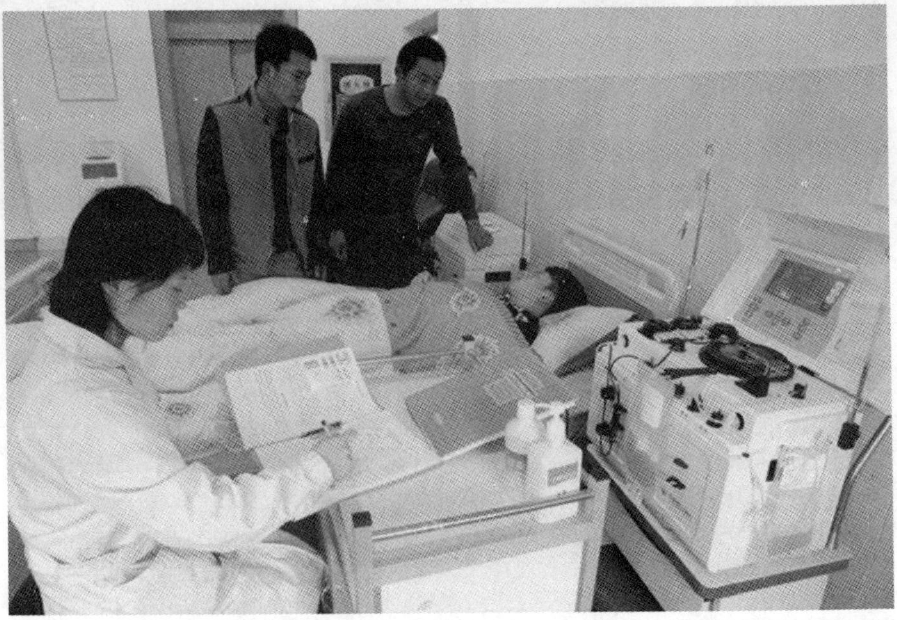

目前,患者的病情基本稳定。患者家属说:“我们还需要 4 名符合捐献条件的志愿者提供帮助,我的电话是 15297988758,希望陶院学生继续联系我们,帮助我们渡过难关。”

(文/李明文)

# 赵双根:义务捐献六次血小板

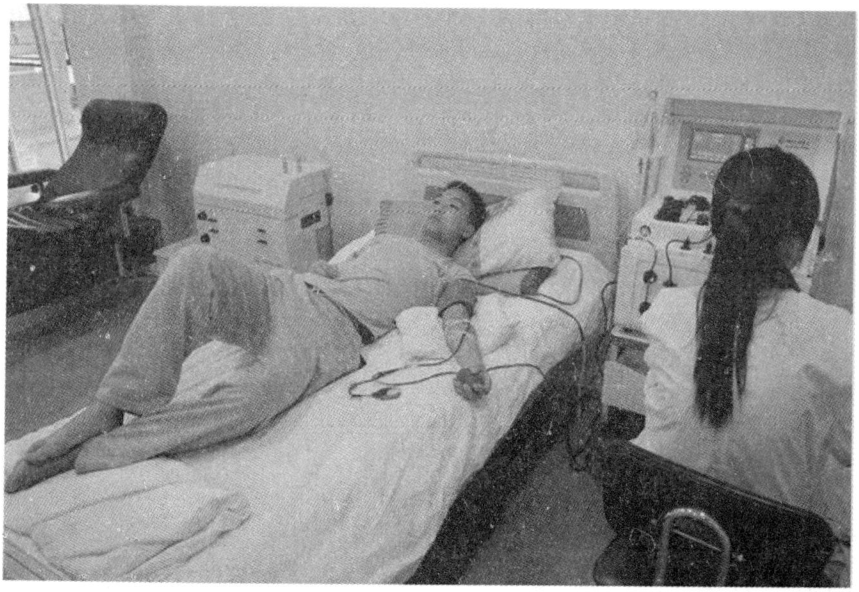

“看着殷红的血液从自己的臂膀流出,这涌动着的不仅仅是希望,更是象征温暖和爱的音符,是背负拯救生命的红色爱心,如果可以用自己的血小板,让那些饱受病痛折磨的身躯日益康复,让这个社会变得更加温暖,我想这些是值得的。”当问及我校2010级无非专业赵双根同学作为一名无偿捐献血小板志愿者的初衷时,他毅然决然地回答道。

赵双根是B型RH阴性血(又称“熊猫血”),这是一种十分罕见的血型,也正因如此,赵双根和捐献血小板结了缘,那也是赵双根第一次为病危的稀有血型患者捐献血小板。2012年5月,景德镇市一位女孩危在旦夕,急需熊猫血型的血小板,市“爱携社”与我校的志愿者社团联合帮助她寻找可以匹配的血小板。赵双根得知这个消息后立刻决定帮助这个小女孩。“第一次走进医院的血小板分离室,多少还是被那些分离所需的仪器吓倒了。分离一个治疗单位的血小板需要循环2200毫升左右的血液,分离机则需要一遍遍地从血液中筛选出可用的血小板,再将剩下的血液打回身体里,来回需要五次循环,一个多小时。”说到这里,赵双根嘴角露出了自豪的笑容。

赵双根在之后的半年里,又连续捐献了五次血小板,却不曾一次主动跟自己的家人和同学提起过。记得一次,他的老师意外得知他无偿捐献血小板的事后,特地为他送来了营养品,并叮嘱他要注意自己的身体,这让赵双根倍感温暖。在定期捐献血小板的这段时日里,有人劝他注意身体,放弃继续捐献血小板,但他始终做着自己认为对的事。他就是这样一个人,始终默默地无私奉献着,不为任何的回报,因为他知道,真正的爱心是一种不求回报的付出。如今赵双根的血样已被中国干细胞血样志愿者血库抽取,用于全国各地有需要的病人。他说:“我只不过是一个普通到不能再普通的学生,能够用自己微不足道的力量去帮助困难中的人,看着他们一日日地康复,便是我最大的幸福。”

平日里的赵双根热心于班级和学校里的事务。作为校“三个代表”实践团团长和班级团支书的他,工作上认真负责,积极组织大学生实践活动,开展学生干部交流会,还代表学校实践团去井冈山学习,为学生共产党员起到了很好的模范带头作用。对他而言,作为一名学生干部不应该是索取者,而应是为同学尽心尽职工作的奉献者,这样才能对得起老师和同学的信任,对得起“学生干部”这四个字。

即将走向毕业,对于未来,赵双根并不迷茫。他打算利用自己所学的专业知识在陶瓷方面进行发展,并在有能力的基础上,组建一个有一定规模的慈善组织,用来帮助更多需要帮助的人。奉献爱心这一想法在赵双根心中一直没有消失过,他更希望社会上越来越多无私奉献爱心的人出现,共同让爱传递,来温暖这个世界。

(文/徐吟寒　林涵)

# 林洋老师抢险救人事迹广受媒体关注

8月9日8时至10日20时，受海葵低压环流影响，景德镇遭遇历史上特大暴雨侵袭。暴雨导致景德镇市区内涝严重，部分交通瘫痪，给人民生命财产安全造成严重威胁。景德镇陶瓷大学信息学院林洋老师自备皮划艇，积极参与到抗洪救险行动中去，和特警一起转移受灾群众50余人。他的见义勇为事迹也受到众多媒体的关注，江西卫视8月13日分别以《景德镇“皮艇哥”热心转移群众》《暴雨内涝致群众被困，“皮艇哥”热心营救》为题进行报道，《瓷都晚报》以《林洋：自备皮划艇，救出数十人》为题进行了深入报道。林洋的事迹被中国文明网、凤凰视频、搜狐、新浪、优酷、酷6、腾讯、pps、21CN等几十家网络转载。

视频地址：

景德镇皮艇哥热心转移群众

http://www.tudou.com/programs/view/GlkTXlybBvY

《晨光新视界》江西景德镇:暴雨内涝致群众被困　皮艇哥热心营救

http://video.sina.com.cn/v/b/83421030-1288429914.html

他叫林洋,是地道的镇巴佬。他喜爱户外运动,因此在网上买了一艘皮划艇。这次,他将皮划艇的作用发挥到最大,他与特警一道,连续两天划皮划艇进入积水区,转移了五六十名被困群众。本报员工万毅斌也加入到救援队伍中,也见证了林洋的义举。

## 自备皮划艇救人

"10日的暴雨导致我亲戚家被洪水围困出不来,所以我就想到用网上买的那艘皮划艇来救人。"8月12日,林洋受访时如是说。

当日,河西加油站附近的梅苑小区遭遇洪水之困,除了救出自家的亲戚之外,林洋还用自己买来的皮划艇救出了困在楼房里的其他群众数名,"上午救了大概六七个人,结果皮划艇还划破了,下午本来还想来救人,不过因为补胎等它干要12个小时,所以只好等第二天了"。

林洋说,皮划艇是他花了500多元从淘宝网上购买的,"我平时喜欢户外运动,我买的海鹰4号是最大的,可以承载400公斤的重量"。

在救人过程中,为了确保皮划艇的安全性,每救2次人林洋还要补一次气。7小时不间断救出五十余人。

8月11日9时左右,听说曙光路附近有群众被困,林洋二话不说带着自己的皮划艇就加入到转移受灾群众的救援行动中。

"一个老太太在哭,说是有个咽喉癌的患者不能浸水,于是我们就慢慢划船到曙光路一所小学的院子里,从二楼的房间里把那个人救出来。"林洋回忆说,当时从二楼下来很麻烦,最后是拆了窗帘把人弄出来的,"旁边就是一个厕所,水特别臭。好在顺带接了几个孩子过来。"

在救人的过程中,有群众反映几个铁路职工要赶着去保障铁路安全,还有很多工作要做,于是,林洋又和特警一起赶紧过去救人。

在此过程中,有一位老大爷划着木头船救人,而一个两人小艇也参与了救援行动。

凑巧的是,本报同事万毅斌也在现场参与了三个小时的救援行动,和林洋一起加入了转移群众的行列。

据统计,此次林洋和特警一起转移受灾群众五六十人。

救人返家后,林洋遭遇了一件尴尬事:身上气味太重很难洗干净。

这该怎么办? 他自己想了一个办法。

“去蒸桑拿,再找人擦背、推个盐浴,再蒸桑拿。等身上的盐粒化了就去冲澡,用香皂或沐浴液洗。洗完就干净了。”林洋说,为了让皮划艇尽可能地装满人,他和救人的同伴都是穿着救生衣在水中蹚水而行。

“我要请你的那位同事吃饭,这么一起努力救人,晚报好样的!”接受本报记者采访时,林洋开心地对记者说。

(文/李明文)

# 十四年坚守　陶大“小青花”情暖瓷博会

“每年都说参加完这次就不来了，转眼已经第四年了，总有一种情怀牵引着我。”2014 级陶综专业的吴双珺 10 月 17 日在微信朋友圈这么说道。

瓷博会全体“小青花”

10 月 17 日凌晨 5 点 45 分，学校路旁的灯发着明亮的光，远处的天空一片黑暗，晨风微凉。平日里，此刻陪伴路灯的也许只有清洁工人，而今天这个特殊的日子，已有 100 多人从它身旁走过。校门口，聚集着一片穿着蓝白色衬衫，戴着蓝白色帽子的学生。“现在好激动，今天特地定了好几个闹钟，这么神圣的日子一定不能迟到。”一个女孩兴奋地说。

原来这天是瓷博会第一天，经过两轮面试，我校选拔了瓷博会普通志愿者 122 名，礼仪志愿者 36 名，根据工作需要分为 10 个小组。瓷博会志愿者还有另一个动听的名字——“小青花”，100 多名“小青花”一列列整齐地站着，在天青色的天空下格外注目，他们嘴角微微上扬，等待着六点的专车，前往23公里外的瓷博会展馆。

“小青花”在行动

“能给我倒杯水吗？”一位女士停在综合服务台前。“好的，请稍等。”“小青花”麻利地从桌子上拿出一次性杯子，弯下腰从饮水机装满水，微笑着双手递给女士。女士接过水杯朝志愿者笑了。

“这碗特别精致……”“小青花”一边挑着桌子上的碗，一边向身旁满头白发的爷爷奶奶介绍，爷爷奶奶也拿起碗认真比对，挑选自己想要的产品。

为期五天的瓷博会，既有世界各产瓷区的参展商、采购商，也有世界各地的参观者。展馆到处可见志愿者的身影，有的在发材料，有的在国际馆帮参展商介绍产品，有的在电梯旁挺立地站着，随时准备解决参观者的问题。

在A馆的休息区，几位志愿者在桌子上填写工作表格，旁边坐着一位慈祥的德国友人，他手里拿着单反，亲切地与志愿者交谈着，并主动希望与志愿者合影。

“每年的瓷博会不容错过，看各个陶瓷展馆的同时能看到很多志愿者，他们也是瓷博会一大亮点，致力为参观展览的大众服务。”2015级材料化学专业的宋牙牙参观瓷博会时笑着露出八颗白牙。

时间轴一下拉到了10月21日，阳光明媚。“今天，我要更努力地工作。”下了专车,2015 级视传专业谢丽君大踏步往展馆走去,脸上洋溢着微笑。

副省长郑为文、市长梅亦等领导与“小青花”合影

最后一天,参观的人数并没有减少,“小青花”也依旧服装整齐,面带微笑,在各自的岗位服务着。恰巧江西省副省长郑为文在景德镇市市长梅亦陪同下参观瓷博会,看望了“小青花”志愿者,并给予亲切问候。“最后一天了,加油!”梅亦市长轻拍志愿者的肩膀,语气温和。

10 月 21 日下午两点,各参展商陆续撤展,“小青花”们主动上前,有的戴着手套一只手扶着瓶身,另一只手拿着布来来回回地擦拭产品上的指纹、污渍等;有的坐在地上,拿起包装纸娴熟地打包陶瓷产品;有的双手扛着展台运到搬运车上……最后一天的志愿服务就在忙碌的工作中结束了。

“志愿者们这几天都表现得很好,瓷博会期间恰逢十九大召开,他们用志愿服务这种独特的方式迎接十九大,默默付出着,奉献着。”景德镇市团委宣传部负责人胡文涛谈起志愿者时竖起大拇指为他们点赞。

“从 2004 年至今,景德镇陶瓷大学每年都要海选出一百多名大学生担任瓷博会志愿者,迄今已有 2000 人次参与,各方对我校志愿者评价都很高。”校团委办公室主任计镇华说道。

我校“小青花”在瓷博会现场收看党的十九大开幕会

当天晚上，微信朋友圈被广大“小青花”刷屏了，纷纷晒出自己的合影，留言有所收获，有所成长。

“五天志愿服务时间里，作为一名‘记者’，拍下了很多志愿者服务的美丽瞬间，志愿者们的志愿精神让我对‘无私奉献，服务社会’这句话有了更深的理解，希望我以后可以有机会再参与这一类的志愿活动。”瓷博会志愿者宣传组的胡艳感慨道。

（文/郭宝宝）

# 陶大学子绘制卡通文化墙助力新农村建设

每天早上六点起床,来回骑行五十公里,酷暑高温下墙绘十多个小时。这是景德镇陶瓷大学王思佳、朱家慧、吴燕等学生今年暑期社会实践生活的常态。在他们近两个月的努力下,景德镇市浮梁县臧湾乡杨家庄村的面貌焕然一新。走进杨家庄村,葫芦娃、猫和老鼠、孙悟空、3D 动画、钢琴楼梯……大大小小数十面墙上,栩栩如生的卡通人物和风景画映入眼帘。虽然还没有完工,但这里已名声在外,前来参观游玩的家长、孩子们络绎不绝。杨家庄村也因此拥有了一个温暖而美丽的名字——童画村。

杨家庄村有 42 户人家,200 余人口,这是一个历史悠久的移民村,有不少村民选择外出务工。如何让村民在家门口就实现致富梦?“这里是去往景德镇瑶里景区的必经之路,为了让来自全国各地的游客们能在杨家庄村停留,我们想通过儿童卡通墙绘吸引游客,同时发展农家乐等,带动村民致富。目前,300 余亩果园已经建好,移民文化展馆、戏台、接待中心等项目正逐步推进。”挂点杨家庄村的景德镇陶瓷大学校友、臧湾乡副乡长吴昊介绍说。

王思佳、朱家慧、吴燕分别就读于景德镇陶瓷大学陶瓷艺术设计、绘画、雕塑专业，他们有着共同的爱好——墙绘。得知杨家庄村需要墙绘提升村容村貌这一消息后，他们便把完成这一光荣的任务作为自己暑期社会实践的内容。每天早上七点到达村庄后，他们便开始了一天的工作，按照所规定的主题选择比较吸引儿童的墙绘图案，紧接着打稿、勾线、配色、上色，按照墙绘步骤有序进行。一个暑假要完成整个村庄的墙绘，这无疑是一个挑战。最快的时候，他们一天要完成两面半的墙。“时间太紧了，没有时间休息，如果下大雨就没办法画了，只有趁着天晴的时候多画些。”朱家慧边画边说。

火辣的太阳晒黑了他们年轻的脸庞，衣衫干了湿，湿了又干。长时间曝晒在烈日之下，脚手架也十分烫手，但他们依然乐在其中。村子里很多村民被他们感动了，自发给他们送水和西瓜解暑。

“花园那一块是我最喜欢的地方，画的都是风景，墙绘仿佛和花园融为一体了。”王思佳看着已画好的墙绘，露出了满意的笑容。除了村庄的墙面外，他们还将村子里废弃的陶罐、轮胎都画上了装饰画，让它们成为别致的装饰品。“通过所学专业和特长能参与到新农村建设中来，改造一个村庄，还是挺自豪的，觉得挺有意义的，吃点苦也不算什么。”队员们表示。

“在他们身上不仅让我感受到了吃苦耐劳的精神，还看到了他们心中对于艺术的崇敬与热爱。”提起来这里实践的陶大学子，吴昊赞不绝口，“墙绘大大丰富了村里的旅游业态，将为村民们带来可观的收益，全村人都很感激他们。”

日前，景德镇陶瓷大学副校长吴本荣、团委书记常成玉等专程看望了实践队员。“暑期社会实践是大学生开阔视野、了解国情民意的重要途径，你们扎实服务新农村建设，同时也增长了知识，锤炼了意志，值得大家学习。希望全体陶大青年大学生牢记习近平总书记给‘青年红色筑梦之旅’大学生回信的嘱托和期望，努力为实现中国梦奉献自己的青春和力量。”吴本荣副校长勉励队员时说。

据悉，景德镇陶瓷大学还将与杨家庄村共建景德镇陶瓷大学文创基地、写生基地和暑期社会实践基地，动员师生积极参与到城乡综合整治和新农村建设中去。

（文/李明文　苏杰）

# 周麟玲：用志愿服务浇灌希望之花

四次校级奖学金；校级“三好学生”荣誉称号；

校级“优秀研究生干部”荣誉称号；

大学生文明修身实践优秀岗员；

“优秀毕业生”荣誉称号；

“社团工作先进个人”荣誉称号；

第四届“创青春”暨“赢在江西”青年创新创业大赛校级二等奖；

一次江西省研究生二等学业奖学金；

校级“优秀共青团员”荣誉称号；

第三届江西省“互联网＋”大学生创新创业大赛获省级入围奖、校级铜奖；

校级研究生院教育基金——“自强之星”；

两次校级研究生书法协会“优秀干部”称号。

周麟玲，女，就读于景德镇陶瓷大学研究生院2015级美术学班。她热衷于公益，多次前往贵州山区进行志愿者活动，例如修路、旱厕改造、支教、家访、贫困生建档等；发起景德镇陶瓷大学八个研究生的贵州支教活动；始终践行着“将自己所学的知识转化为社会价值，真正做到以生命去匡扶生命”的人生目标。

## 公益心的萌生

周麟玲说她并不知道什么时候悄悄在心中埋下了公益的种子：或许是小时候每次路过街边乞讨的人母亲总会给点钱的时候开始；或许是初二时候，一位同学突然病倒，便鼓起勇气号召全校为他募捐开始；或许是每次遇见大大小小的募捐就开始省自己的饭钱开始；或许是因为对陌生人的一个顺手之劳却被其评价为是她遇见最善良的女孩子；或许是因为从小到大遇见了太多温暖和善意的人，所以更加明白与懂得——要做一个善良的人，多一些不问为什么的坚持，少一些功利主义的追求。

与孩子们一起玩耍

## 漫漫公益路开端——远征贵州

2015 年夏天，大学刚毕业的周麟玲参加了公益项目雷励中国贵州远征，并为此筹集善款 6000 元。七月下旬到八月上旬和队友一起前往贵州省黔西南布依族苗族自治州贞丰县者相镇平桥村修建公路，开展为期两周的社区建设项目，从来没有学过工程的她，思考施工方案，顶着烈日砌堡坎、和水泥，搬砖、运河沙水泥。其间她深入村民家中走访，策划公益社区活动，用绘画、音乐、舞蹈的方式教小朋友如何正确地刷牙，从而养成良好的卫生习惯。八月中旬她又前往贞丰县北盘江镇岜浩村开展为期两周的环保项目，为村民进行旱厕改造，建化粪池，将当地村民家中的旱厕改造成水厕。平时休息的时候，她会去与村中的一些孩子聊天，临走前，一个小孩哭着问她："如果我考上了高中，你就来看我好吗？"这个村里有一千多口人，至今只有两位高中生，还没有人念过大学。这些童真的言语在周麟玲心中千斤重，最令她心痛的是在这贫瘠的土地上，农民辛勤耕种依旧有人无法温饱，生长在农村的她感受到这种"大山的荒凉"，这更加坚定了她再次走进大山深处的决心，相信知识改变命运的力量。回到学校后，周麟玲组织身边的朋友为山区孩子捐献衣物、为一户家庭筹款安装门窗。

策划并实践到公益书法支教活动中

2017 年 4 月 28 日，在学校党委组织部和研究生院党总支的领导与支持下，周麟玲带领研究生书法协会 16 名志愿者前往景德镇乐平市红岩镇吴家村小学，组织策划了公益书法支教活动。六一儿童节，她又带领研究生书法协会携手爱心手共同组织开展了“金色六一，飞舞梦想”主题活动。此外，2017 年 8 月，周麟玲还在家乡参与了“永州青年社会扶贫教育圆梦计划”。

## 再赴贵州——带着爱与善意一路前行

2017 年 7 月，周麟玲组织景德镇陶瓷大学八名研究生发起贵州支教活动，再次深入贵州黔西南贞丰县挽澜镇窑上村大坪组大坪学校开展“爱在黔方”支教。大坪学校只有 17 位学生和 1 位老师，地处深山，交通不便。她招募了八名队员历经了长达 30 余小时的车程，到达支教地点后，他们结合自己本科美术教育经验，开展趣味教学、家访、贫困生建档等一系列活动。这期间，天晴，陪孩子们跳绳；下雨，送孩子们回家，并为孩子们建立梦想档案。她凌晨四点起床，冒着冷风细雨，打着手电筒徒步两小时山路为孩子们购置食材；来回二十公里不辞艰苦进行家访，了解孩子们的家庭情况；与队友们一起绘制向日葵墙绘，美化孩子们的教室环境；为孩子们筹备免费的午餐，陪孩子们玩游戏，给孩子们上药剪指甲。地理课上，她带领孩子们齐唱由《小苹果》改编版的歌曲《大中国》,帮助孩子们了解中国地理。此外,她还带领孩子们进行了他们人生中的第一次升旗仪式。她不仅教授知识,更希望能激发孩子们的爱国热情。支教活动结束后,她与队友募集善款,又再次返回大坪学校,为孩子们筹集鞋子、校服、书桌等。在支教、家访和贫困生建档之余,她在窑上村待了近两个月进行深入调研,走访了每一位村干部的家,了解村中教育、经济、土陶等多方面现状;采访了窑上村中几十位土陶手艺人,思考窑上村的发展与土陶的出路;赴镇政府与镇长洽谈;赴县政府、县文物管理局、县史志办、县档案馆、县文化局进行调研。在这次支教活动中,她将自己所学的知识传递给了更多的人,承担了作为当代大学生的社会责任感,也希望可以为学校的学弟学妹们树立良好的陶大学子社会形象。在帮助别人的同时,感受到的善意与爱也一直支持着她前行。

支教时给孩子们表演

她在任职研究生书法协会期间,工作认真、负责,数次承办院、市、省级书法大赛,开展书法家、教授讲座和书法日课,积极组织学习交流会、党性教育活动和部门建设会。2015、2016 年先后两次带领研究生书法协会荣获景德镇陶瓷大学社团评比“三星级社团”“四星级社团”称号;带领协会干事积极参加创新创业大赛,并取得一定成绩。

支教时与老师学生们的大合照

“希望自己在自我成长和锻炼的同时，能带动越来越多的大学生加入其中，投身公益，奉献社会，怀着感恩的心，励志人生，肩负起社会赋予的责任，努力把自己培养成一个综合型的社会人才，用智慧和知识来回报社会。我时刻谨记着自己的使命，以感恩的心，行走在志愿公益的路上，将爱的种子一路播撒只待繁花似锦，谱写青春年华。”周麟玲坚定地说。

她带着爱用青春和汗水浇灌希望之花，将爱的种子一路播撒，用奉献诠释青春的价值，用行动鼓舞着身边的大学生们。

（文/温梁）

# 陶院学子捡5000元现金归还失主获称赞

“这位大学生拾金不昧的行为,让我看到了阳光和一种社会道德的闪光。”寻回丢失财物的景德镇珠山公安局分局法制科科长朱晓竹这样说道。朱晓竹向我校拾金不昧的学生邹志铭表示感谢,并被邹志铭的精神所感动。

邹志铭是我校陶瓷美术学院2009级雕塑1班的学生,3月22日晚,正在景德镇雕塑瓷厂毕业实习的他在老厂附近的马路上拾到一个手提包,包内装有5000元现金和许多重要证件。邹志铭心想失主丢了这么贵重的东西一定很着急,于是马上拨打朱晓竹证件上的手机号码。他拨打了十来次电话,但由于朱晓竹的手机设置为震动,没有听到,直到3月23日凌晨一点左右,才与朱晓竹取得联系。当将全部物品如数归还时,失主朱晓竹再三询问邹志铭的姓名,并掏出1000元作为答谢,邹志铭没有说出自己的姓名,只是告知自己是陶院学生,对于1000元的答谢金,他也婉言谢绝,朱晓竹通过多方渠道才知道了邹志铭的姓名。

这件事让从事公安法制工作20多年的朱晓竹感触颇深,他表示这位大学生让他看到了阳光和一种社会道德的闪光。“5000元也不少,很难保证谁捡到了还能还回来。作为一名学生,5000元更是够他用一段时间了。这种拾金不昧的精神真的难能可贵。”对于失主朱晓竹对他的感谢与赞扬,邹志铭只说了一句话:“这都是应该做的!”

据邹志铭的班主任李明文介绍,邹志铭来自福建漳州一个农村家庭,父母均在家务农,家庭经济困难,至今还有部分学费尚未交清。邹志铭平时学习勤奋刻苦,专业成绩较好。

(文/史恩杰　曾羚轩)

# 邹佳优:勇敢而清醒,坚持走墙绘创业艰辛路

2014 年,夏。阳光炙烤着小城,2013 级雕塑专业邹佳优和马腾二人同骑一辆电动车,迎着高温到市里的各个幼儿园、广告公司或者正在装修的一些门店挨家挨户跑业务,不断询问:“你们需要墙绘吗?”他们跑遍大半个瓷都,一家家发名片,甚至将名片塞进门缝里。连续三天不间断地努力,终于接到了第一单墙绘。从此,属于他们的创业梦想正式起航。

2015 年,夏。他们在学校对面租下一间小房,成立自己的工作室,工作室名为“琢然”,取自“琢然天成”,赋予其用心雕琢、自然和谐的寓意。琢然工作室的背后,有着创始人一颗琢然的心。

## 渴望经济和生活上的独立

“大一、大二的我忙于社团,那一段时间的我非常忙碌却也非常迷茫浮躁,我反复问自己,是不是在做自己真正想做的事情,又是否认清自己真正的价值在哪里。”天性开朗的邹佳优在大一、大二时参与了许多的社团活动,然而社团的忙碌并没有填补她内心的空虚,她认为一个人要知道自己真正想要的是什么,不应该把视线局限在社团和校园,要尽可能多地去尝试实践自己想做的事情。在一段时间的沉淀思考后,她果断退出了学校所有的社团开始创业。依靠自己的能力,去实现经济乃至生活上的独立,那时的邹佳优相比周围其他人而言,多了一分胆识和魄力。

## 创业最大的困难是跟社会接触

创业初期,他们接到生意的机会甚少。在商家眼中,他们只是资历甚浅、经验不足的学生,很少有人会冒风险将生意交给他们。那时邹佳优和马腾最大的愿望是能够揽到活,所以当第一单墙绘生意来临的时候,希望和未来仿佛也跟着来了。但创业一直都不是一件简单的事情,在创业过程中,一帆风顺永远是不可能的。“有一单生意,是给一家幼儿园做墙绘,幼儿园的园长要求我们只做外墙墙绘,还记

得那个外墙有三四层楼高,需要搭三四层高脚手架方可完成,画起来难度很大。我们用好几天的时间画设计图,准备了8套方案,画完墙绘后,第一遍没通过,我们又继续修改。但到最后,我们却无法联系到那位幼儿园园长,打电话不接,去幼儿园也找不到人,这个生意就这样黄了。"类似于这样的例子他们遇到的并不少:画好之后商家找各种理由推托付款期限;客户找各种理由挑刺,以不满意为由不付钱或支付比约定金额少很多的钱。几次惨痛的经历,让这两个不甘放弃的年轻人明白:"最大的困难不在于墙绘本身,而是在于跟社会的接触。"

邹佳优正在准备墙绘所需材料

## 在痛的经历中积累有效的经验

由于初始创业,社会经验不足,也曾一次次遭遇过不守信用的商家,让他们蒙受很大的损失,深入地接触和了解这个社会后,那些惨痛的经历和教训帮助他们积累了很多有效的经验。除了有时会遇上一些难以沟通的商家,此外他们自身也没有意识到合同的重要性,因为双方没有合同,所以对方随意更改金额或者抵赖不付款项都不会受到什么影响。为此,他们后来做生意非常看重合同,也更加谨慎,同时也努力提升他们自己的专业能力,因为他们相信碰到什么样的客户是不能选择的,但他们可以选择做好自己。在生意来临时做好充足准备,在工作前与商家做好沟通,订好合约,以诚信为本,在工作时更加专业与认真。

街道墙绘 政府宣传画

## 做喜欢的事从不觉辛苦

8月的三伏天，邹佳优和马腾二人在户外做着墙绘工作，在太阳的炙烤下，衣服可以拧出水来，马腾的后背被晒伤，甚至脱落了一层皮，他们顶着高温，耐心地做完墙绘任务；接到很紧急的生意时，诸如店铺开张，需要做墙绘，他们会从凌晨五点出发，忙到深夜，只在中午吃一餐。连续几天长达几十个小时忙碌，休息的时间很少，只为快点将工作完成，不耽误店家开张；夏季景德镇多雨，常常会遇到暴雨，他们多次看着刚刚完成的心血被暴雨冲刷、毁于一旦，只得重新再画；很多次，画出来的东西合作方不满意，最后只有清洗掉重刷，而合作方提供的资金却不会有所增加，他们却要支付双倍的钱给请来的墙绘职员；携带大量繁杂的颜料、工具到各个地方，早已是家常便饭……回忆这些过往，邹佳优和马腾却用一种云淡风轻的口吻讲述出来，在他们看来，那时候的自己，做自己想做的事，再苦也不会觉得苦。

## 尝试新领域收获新成长

当墙绘做得更加稳定、每月都会接到生意的时候，邹佳优做了一个激进的决定——开服装店。资金不够，家人又不支持，她就给手机通讯录里能借到钱的朋友一一联系借钱开店，为了开服装店，邹佳优借了很多钱，当时的她每天为钱所累，压力很大，整个人处于一种非常焦虑的状态。“朋友给我很多鼓励，我开始明白，焦虑是没有用的，要不断想办法去解决问题，一个办法不行，就去找10到20个办法，总会有一个办法是可以解决问题的。”开服装店时她专心而努力，每次都是凌晨三四点搭上货车去进货，再将货一麻袋一麻袋地用货车搬运回来，面对沉甸甸的货物、沉闷的车厢，她没有任何怨言。开服装店对邹佳优来说，是一个新的领域，因为喜欢，她就去做了，用她的话来说：“不要为所谓的成功和钱财所累，你要明白你真正的目的和初衷是什么。”

除了开服装店，她还和同学一起卖过小龙虾，创业对她来说不仅仅是让自己挣钱，更是一种成长和独立，她愿意尽可能多地去尝试实践自己想做的事情。

## 家人和朋友去兜住自己的网

在艰辛的创业路上，家人、男朋友马腾和周围在她身边一直陪伴的朋友是邹佳优最感谢的人，她说家人和朋友就像一张网，能够在你往下跌的时候兜住你。家人对邹佳优的人生道路和创业道路的选择有着深刻的影响。她坚强独立的性格的形成与父母早年“放养”的教育是分不开的，而她的母亲无疑是影响她最深的人。“妈妈是一个非常坚强、乐观的人，我从她身上学到了很多。”邹佳优说她不是专业的艺术生，只是从高三开始想学画画，到高考报考景德镇陶瓷大学的雕塑专业时遭到家人一致反对，认为女孩子学习雕塑专业太辛苦又不适合发展，邹佳优母亲却给了她非常大的支持。已经抚养邹佳优长大的母亲也依然一直在工作，不断学习和接触新事物，这样的做法更是对邹佳优起到了言传身教的作用，让邹佳优更有勇气和决心走向创业之路。男朋友马腾和朋友一直以来的支持对邹佳优的帮助也非常大，在邹佳优创业资金不足的时候，和她一样还是在校学生的朋友却依然能够慷慨借钱给她，支持她的创业。在她为负债所累、满头焦虑的时候，他们也安慰鼓励她勇敢面对，让她明白遇到事情焦虑是没有用的，一个办法不能解决问题，一百个办法总能解决。

## 用能力和勇气打造更好的未来

从两个人自己干到现在有百余人的兼职队伍，从十几个平方米的墙绘到几百个平方米的大工程，从挨家挨户跑活到跟政府合作，画画的内容也从最开始单一的卡通创意类到现在国画、3D 等多种类别，邹佳优和马腾一直在坚守着自己喜欢的事业。毕业后的他们，更是全身心地投入到创业中来，现在，琢然工作室做墙绘的同时，也在尝试其他的创业方式。陶瓷摄影、雕塑等与他们二人专业相关的项目，对他们来说，既是对自己专业能力的提升，也可以增加一些社会经验。他们也有自己未来的规划，打算申请营业执照，让自己的工作室更加规范化、标准化，组成一个有关墙绘、雕塑的学生兴趣团体，为工作室招纳更多的储备人才，也可以让更多学生从墙绘工作中得到锻炼、获取收入。他们还打算成立正式的公司，用企业管理的方式让生意大起来，做精做强。

## 愿自由、真挚、勇敢、清醒

从创业初始到现如今工作室发展越来越好，邹佳优谈到她先后走过了三段心路历程：一是懵懂，两个人刚做墙绘时，那时她总是患得患失，社会经验不丰富，经常吃亏；二是成熟，当时资金不足，向家人、朋友借钱，感到十分焦虑，压力很大，但家人和朋友的鼓励让她明白焦虑是无法解决问题的，最后她也体会到不要为钱财所累，要保持自己的初衷；三是稳定，现在她的心态已经改善了许多，专注于将工作室做大，现在工作室取得的成果已经超出了邹佳优的预期，从赚点生活费到几万的大单，都是她宝贵的经验财富。几年的创业历程，邹佳优和马腾对他们今后的生活有了更为明确的定向。“愿自由——做自己想做的，主宰自己的生活；真挚——待人接物和为人处世要满怀真挚；勇敢——面对新的东西，要勇于尝试和勇于挑战；清醒——清醒地认识自己，保持初衷。用这样一种方式，去对待生活，也对待自己。”

（文/侯梦伟　陈彩霞）

# 大学生“景漂”创业正当时

在景德镇，人们常说这样一句话：器从天下走，创意八方来。有这么一群年轻人，他们来自四面八方，甚至来自遥远的异国他乡，为了心中所爱，在这座小城坚定地漂着，他们有一个共同的身份：“景漂”创业者。

## 来自全国各地的“景漂”创业者

马恩杰，安徽人，本科4年和研究生3年都在景德镇陶瓷学院度过，硕士刚毕业时身无分文，唯有一手画瓷板的技术，不知道能否养活自己。于是他走进景德镇大学生创业孵化基地，住在孵化园的宿舍区里，每天上午看书，下午则在工作室画画。马恩杰现在以卖画为主，月收入过万。马恩杰希望自己的画被更多的人喜欢并收藏。

与马恩杰不同，王帅是从外地慕名而来的。王帅从西安美术学院雕塑专业毕业后，一直从事室外大型雕塑，在老师的推荐下，来到景德镇打拼。他在景德镇湘湖村附近找了一家陶瓷作坊，边维持生计边学习陶瓷技法。一年后，王帅也走进了孵化园，自己创业。王帅是陕西人，他把西北文化与陶瓷艺术相结合，做出一套有着浓浓唐风的仕女和战马作品。他的作品受到市场欢迎，不出一年，王帅便有足够的经济实力把父母接到了景德镇，“在这里，我做喜欢的东西，也找到自己的符号和价值”。

## “景漂”创业并非一帆风顺

“在景德镇，依靠本地资源优势创业的大学生约占创业总数的30%，其中大部分均以陶瓷为载体。一两年后大概一半的人能够满足自身生活需求，个别人甚至月入万元，但是仍有很大部分人半路‘夭折’。”

郑欣荣如今已经是创业成功的典型。2012年，在景德镇陶瓷学院读大二的他创办了自己的第一间陶瓷工作室。工作室旁边有一家风铃店，他突发灵感用陶瓷制作出小巧精致的风铃,受到了很多人的欢迎。于是他专心做起了陶瓷风铃,开始的几个月生意好得根本忙不过来。

但很快,郑欣荣的风铃生意陷入了低谷,市场上出现了大量仿制的陶瓷风铃,价钱还更便宜。他感觉支撑不下去了,想到自己努力了这么久的创意和成果就这样被别人偷走,实在不甘心。于是他重新振作起来,从风铃的造型、图案、成本等方面下功夫,终于重新掌握风铃市场。

"创业一定要执着,永远向前冲,没有后退的可能。"郑欣荣如今每月收入逾万。

"大学生创业有一定的优势,他们年轻,有激情、有想法,但也面临着很多困难和挑战。"景德镇美淘电商培训中心董事长计雄杰在给大学生培训时发现,目前大学生创业面临资金、市场经验、心理成熟度、创业环境等诸多困难。

## 景德镇多项政策扶持大学生"景漂"创业

2014 年 10 月,景德镇大学生陶瓷创业孵化园是当地政府专门为"景漂"创业的年轻人搭建的一站式创业服务平台。孵化园一期有近 80 户来自全国各地的大学生入园。

园区为大学生创业者提供系列扶持,还修建了大学生公寓,低价出租给创业者,大大减轻了初创者的生活压力。据悉,创业孵化园后续建设全面完工后,可容纳 200 多户,带动就业 3000 余人,年培训 5000 人。

"一到周末,我们工作室的人便会去乐天和清华园,那里有'景陶'最新产品,刺激我们的创作灵感。""北纬 29 度"的创业者陈珂和郑欣荣都与乐天陶社和清华园颇有渊源。这里是他们创业的"灵感之源"。郑欣荣的第一个作品是在那展销出去的,他的合伙人也是在那里找到的,甚至大部分的客户都是从那里来的。

## "景漂"创新赋予传统产业新活力

"创业危机"给郑欣荣敲响警钟,危机过后,他推出手工创意杯子。"现在年轻人普遍追求时尚个性,一些个性鲜明的小玩意成为主流,我们的创意陶瓷杯在市场上也就占有一席之地。手工制作、物美价廉、创意礼品,都是我们的卖点。"

"年轻人是我们销售的主体,他们对陶瓷的理解和老一辈不同,普遍喜欢一些

‘萌萌哒’的东西。所以我们在陶瓷彩绘上会舍弃传统的图案，绘制一些可爱的卡通图案。”陈珂与郑欣荣一样，很注重分析年轻用户的需求。

景德镇陶瓷学院金老师也力挺大学生带来的创新活力：“创意正是陶瓷产业的生命力所在，现如今的陶瓷产业必须创新，创新是对传统陶瓷的补充。”他认为，“现在陶瓷行业处在一个新老交替的过程，大学生的加入是陶瓷产业转型的良好契机。”

（中国青年报记者 李菁莹 景德镇陶瓷学院 林涵 华东交通大学 洪莲香 林睿 《中国青年报》2015 年 8 月 3 日 12 版）

# 2017 届毕业生自费购买端午粽邮寄全班同学

“粽子收到啦，谢谢班长……”端午节前，江西新余的黄梦婷在收到一份由江苏快递来的粽子后，迫不及待地在微信群里发出消息。

陆续收到粽子的，还有分布于多个省市的其他 20 余位同学。他们都来自景德镇陶瓷大学信息工程学院 2013 级信息与计算科学专业（1）班。收到粽子的时候，恰逢他们从景德镇陶瓷大学毕业一周年。

这些真空包装的粽子，是由该班刘龙购买邮寄的。刘龙，山西人，大学期间一直担任着 2013 级信息与计算科学专业（1）班班长，在校期间十分负责。今年端午节前夕，刘龙决定自费为全班 28 名同学每人送一份粽子。

“大学期间，端午节母校一定会免费给我们发粽子，中秋节时会免费发月饼。现在我们已经毕业一年了，但我们仍然怀念在校时一起吃粽子的场景。我给全班同学寄粽子，就是想让大家不要忘记我们曾是一个集体。”刘龙说道。在快递单上，刘龙以班级名义为每位同学留言，“端午节快乐——13 信息”。

2013 级信息与计算科学专业（1）班班主任余姗姗老师一直与毕业生们保持着密切联系。她说：“信息班的同学们很团结，曾获全校‘十佳班集体’。虽然毕业已经一年了，大家联系还是非常紧密。今年 5 月，刘龙从深圳辞职，计划返回山西工作。返家途中，他还专门绕道来学校看我们。”

收到粽子的同学都很惊喜，大家纷纷通过微信向刘龙表示感谢。“非常感动，有这样的班长，真是幸运的事情”“班长有心了”“我代表在杭州的 13 信息的同学们，向刘龙同学致敬”，一句句暖心留言，让刘龙感受到满满的情谊。

“距离毕业一年整了。不管在外如何，请记住，有一个集体是你的避风港湾。”刘龙为全班每位同学回复了一条微信。

（文/彭恩仁）

# 后 记

“大学之道,在明明德,在亲民,在止于至善。”坚持以立德树人为中心环节,推进全员全过程全方位育人,既是贯彻落实全国高校思想政治工作会议精神的必然要求,也是高校服务国家发展战略、推动高水平大学建设的题中之义。

一个时代需要精神力量作为指引,一所大学也需要榜样的引领,尤其是“看得见”的身边榜样,就是一本鲜活生动的教科书。我们期待,让这些榜样的故事,化作一面旗帜、一个标杆、一种力量,在大学生中确立一种导向、一个楷模,帮助在校大学生树立正确的世界观、人生观和价值观。

“新时代要有新气象,更要有新作为。”我们期待,在新思想的指引下,在全体师生的努力下,相信将有更多的先进典型涌现。生命之树长青,育人事业永续。景德镇陶瓷大学将在思想政治引领的道路上,继续奋进,谱写新的篇章。

本书由吴本荣、常成玉、李明文担任主编,其中,吴本荣负责拟定大纲、总体指导以及定稿工作,常成玉负责第一篇“爱国”和第三篇“求真”的搜集、整理、编写、统稿、审稿工作,李明文负责第二篇“励志”和第四篇“力行”的搜集、整理、编写、统稿、审稿工作。在本书编写过程中,得到了景德镇陶瓷大学党委的关怀和指导,得到了教务处、党委宣传部、团委等部门的大力支持,研究生院林涵协助统稿工作,在此深表感谢。

受篇幅所限,本书遴选了近年来景德镇陶瓷大学部分青年学生典型的故事,未能涵盖所有。由于编者水平所限,本书有不当之处,望专家学者及读者批评指正。

编者

2018 年 9 月